REVOLUTION KOREA

레볼루션
코 리 아

레볼루션 코리아
REVOLUTION KOREA
대한민국 대혁신 실행전략 11

| 1판 1쇄 발행 2024년 11월 1일
| 1판 6쇄 발행 2025년 2월 20일 | 지은이 구윤철

펴낸곳 바다위의정원
출판등록 제2020-000161호
주소 서울특별시 마포구 잔다리로 48, 3층 3001호(서교동, 정원빌딩)
전화 02-720-0551
팩스 02-720-0552
이메일 oceanos2000@hanmail.net

ⓒ 구윤철, 2024
ISBN 979-11-981970-6-1 03300

REVOLUTION KOREA

레볼루션 코리아

대한민국 대혁신 실행전략 11

구윤철 지음

프롤로그

나는 왜 이 책을 쓰는가

내가 공직생활을 시작했을 때는 1989년이었다. 대한민국 재무부에서 공직을 처음 시작할 때, 나는 청운의 꿈에 부풀어 있었다. 국가와 국민을 위하여 봉사한다는 생각과 국가발전을 위하여 즉 공익을 위하여 일한다는 생각에 자부심도 대단했다.

    대학교 지원을 앞두고 가족이 모여 앞으로의 일을 논의한 기억이 난다. 부모님을 비롯해 모두 한마디씩 건넸다. 어려운 환경에서 자랐으니 '이제 돈도 잘 벌고, 편히 살 수 있는 의과대학으로 진학하는 게 어떻겠느냐'는 조언이 많았다. 그렇지만 나는 앞으로 경제학과에 진학하여 국가 경제를 번영시키고, 국민이 편히 잘 살도록 하겠다는 생각으로 가족을 설득했다.

대학에서 경제학을 전공하고 행정고시를 거쳐 국가와 국민을 위하여 일하는 공무원이 되었다. 내가 기업에 취직하면 오직 그 기업만을 위하여 일해야 한다. 하지만 내가 공직으로 나아가면, 대한민국 전체를 위하여 일할 수 있다는 생각에 왠지 모르게 어깨가 으쓱하였다.

재무부, 재정경제원, 기획예산위원회, 기획예산처, 청와대, 국제기구, 기획재정부 등에서 30년 넘게 국가 전체 정책과 예산을 다루는 일을 담당하였다. 2020년부터 2년 동안 국무총리 소속의 국무조정실장으로서 국가 전체 정책을 조정하는 업무를 마지막으로 퇴직하였다. 햇수로 총 33년을 국민의 공복으로 일한 셈이다.

30여 년 동안 정부가 여덟 차례, 집권 정당도 다섯 차례나 바뀌었다. 그 과정에서 엄청나게 많은 변화를 목격했다. 공무원 초중반기만 해도 추진되던 정책이 연속성을 갖고 진행되는 경우가 많았다. 당시 밤을 새워서 새로운 정책을 입안하면, 바로 현실 생활에 적용이 되었고, 높은 경제성장 등으로 나타났다. 일하는 게 신났다.

그렇지만 어느 순간부터 열정을 갖고 시작한 프로젝트들이 중단되는 아픈 경험도 많이 겪었다. 또는 그 반대로 정책이 수립되었으나, 본격적으로 실행되기도 전에 이해관계자들의 반대, 급속한 경제환경 변화 등으로 서랍 속에 묵힌 채 사장된 경우도 적지 않았다.

국가정책은 시대의 가치와 국가발전, 국민 행복을 위한 최선으로 선택한 결과물로 나타나야 한다. 그 결과가 국민의 삶에 직접 영향을 미치기 때문에, 정책을 단순히 특정 개인과 특정 집단의 선호 차원에서 결정해서는 결코 안 된다. 사회가 다변화되고 글로벌화되면서 가치판단의 기준도 시시때때로 달라지는 것이 다반사여서 국가정책 결정은 치열한 고민과 10년, 20년을 내다보는 혜안이 바탕이 되어야 한다.

하지만 그렇게 처절한 고민을 통해 나온 정책이 얼마나 될까? 최근 들어 정권의 변화에 따른 잦은 정책의 변동 등으로 실력 있는 사람들은 국정에 참여하기를 꺼린다. 공직자의 정책 결정에 대한 사법적 단죄 등으로 공직자가 국가와 국민에 대한 봉사자로서 열심히 일하겠다는 열의도 많이 떨어졌다.

최근 공직사회에서 초임 국장은 물론 과장, 서기관 등 젊은 세대를 중심으로 공직을 중도 이탈하는 현상이 늘고 있다. 또 이를 막기 위해 정부와 전국 지자체가 안간힘을 쓰고 있다는 소식까지 들려온다. 안쓰럽기 그지없다.

공무원은 영혼 없는 존재라는 비아냥거리는 말이 있지만, 이것을 뒤집어 보면 갈대처럼 흔들리는 세상을 견디는 고통 자체가 공무원에게는 힘이 아닌 운명의 짐처럼 느껴진다. 일정 기간 정권을 책임진 사람들은 떠나면 그만이지만, 그 이후의 책임과 비판은 남아있는 공직자의 몫이 되기 쉽다.

나는 기획재정부 예산실장, 2차관과 국무총리의 국무조정실장 등을 거치면서 많은 정책 사업을 들여다볼 수 있었다. 대한민국의 희망과 실망을 직접 경험했다. 대한민국에는 정쟁과 갈등으로 시간을 보내는 곳이 있지만, 국가를 위해, 국민을 위해, 세계를 향해, 집념을 갖고 일하는 곳도 있다.

일부 외국에서 대한민국이 더 이상 발전할 수 없는 성장의 한계에 도달한 것처럼 왜곡하고 있으나, 정부 모든 부처의 업무를 담당하고 조정하면서 가장 깊이 느낀 것은 대한민국은 위대한 국가라는 것이고, 여기엔 위대한 우리 국민이 존재한다는 것이었다.

오늘날 대한민국은 세계 10대 경제 강국이다. 특히 제조업 부문에서는 세계 최강국이라 해도 지나치지 않을 것이다. 정말 대단한 대한민국이지 않은가. 또한 1인당 국민소득 3만 달러 이상, 인구 5000만 명 이상의 조건에 들어가는 3050클럽에서 세계 7번째인 나라다. 그리고 세계에서 유일하게 개발도상국에서 선진국으로 진입한, 유엔(UN)이 인정한 국가다.

가히 단군 이래 최고의 국운 융성기가 아닌가? 이러한 성공의 비결에는 근면하고 성실한 우리 국민이 있었다. 어디 그뿐인가? 불철주야 땀 흘리면서 일한 산업역군과 기업인이 있었고, 국가발전을 위하여 기술개발에 앞장선 과학자도 있었다. 그리고 국가발전 전략을 잘 계획해서 오늘날의 경제 대국을 이끈 국가 지도자와 공직자가 있었다. 그들 모두의 땀과 노력으로 오늘날의 대한민국이 가능했다.

그러나 이러한 엄청난 대한민국의 성공 신화는 추격경제하에서의 역사다. 이제 대한민국은 더는 추격할 나라가 별로 없는, 선도 국가, 선진국가다. 게다가 지금은 통신과 교통의 발전 등으로 지구촌의 경제는 치열한 글로벌 경쟁 상태다. 대한민국의 글로벌 경쟁 국가로는 열 손가락 이내의 '이미' 선진국가들밖에 없다. 대한민국은 이들 선진국가와의 경쟁에서 다시 한번 더 새로운 성공 신화를 써야 할 때다.

추격경제 시스템에 맞도록 설계된 대한민국의 모든 국가 시스템을 변화된 선도경제 시스템에 맞도록 전면적으로 대혁명, 대혁신해야 한다. 다시 말해 비장한 각오로 대혁명 코리아(Revolution Korea)를 외쳐야 한다.

지금의 정치 상황에 흔들리는 공무원과 추격경제 시스템하에서 마련된 낡은 국가 시스템을 보면서, 나는 내가 해야 할 일이 있음을 깨달았다. 그리고 그 시작의 하나로 이 책을 준비했다.

나는 33년간의 중앙정부 경험 이외에도, 2022년 공직에서 물러난 이후 2년간 우리나라 지방 곳곳을 찾아다녔다. 지방의 현장을 직접 체험하고 싶었다. 경북문화재단 대표로 1년여 일하면서 지역의 문화, 관광 투자 등이 이루어지는 현장을 목격했다. 시와 군 등 기초 지방자치단체에 다니면서 특강도 하고, 시와 군의 지역 사업에 대한 컨설팅도 많이 했다. 그리고 지방소재 대학을 다니면서 그곳 대학이 처한 현장의 어려움을 체감했다. 이 책에는 내가 보고 듣고 느낀 중앙과 지방의 현장 경험이 녹아 있다.

앞으로 대한민국은 하루라도 빨리 대혁신하지 않으면 지금까지 이룬 것조차도 위협받을 수 있다. 글로벌 경쟁은 치열하다. 우리 코도 베어갈 수 있다. 이 책은 대한민국을 지금보다 더 위대한 대한민국으로 건설하기 위한 대혁신 방향을 제시하고자 한다.

이처럼 절박하고 시급한 혁신의 뜻을 담아 책의 제목을 '레볼루션 코리아'로 붙였다. 혹자는 이런 제목을 보고 다소 의아하게 생각할 수 있을 것이다. "대한민국을 혁명한다니, 요즘 시대에 맞는 이야기인가."

책의 제목을 굳이 이렇게 택한 데는 이유가 있다. '지금의 대한민국은 대혁신을 가히 혁명과 같은 수준과 정도로 강하게 추진하지 않으면 안 된다'라는 절박감을 강조하기 위해서다.

대한민국 대혁신은 그 어느 때보다 절실하고, 반드시, 그것도 하루빨리 실행해야 한다. 오늘의 대한민국은 앞뒤를 재고 망설일 시간이 없다. 여기에 우리 민족과 후손의 장래가 달려 있다. 바로 그래서 '레볼루션 코리아'를 외치지 않을 수 없다.

빠르게 대한민국을 대혁신하여 위대한 대한민국을 건설해야 한다. 수많은 방법 중에서 내가 보기에 가장 적절한 방법은 지금의 대한민국에 국가경영 개념을 도입하고, 주식회사 대한민국을 건설하는 것이다. 즉 주식회사 대한민국을 통해, 글로벌 경쟁에서 당당히 1등으로 승리할 수 있는 세계 1등의 제품과 서비스를 개발하는 것이다. 이를 통해 대한민국을 세계 1등의 국가로 만들어 당당히 글로벌 1등 국가(G1)로 우뚝 세우자는 것이다.

그렇게 하기 위해서는 기존의 낡은 대한민국을 새로운 시스템으로 대혁신해야 한다. 대한민국을 대혁신하자! 레볼루션 코리아! 레볼루션 코리아!를 외치는 이유다.

이것이 내가 바로 이 책을 쓴 주된 이유다.

차례

프롤로그 나는 왜 이 책을 쓰는가 • 5

I 주식회사 대한민국 건설
국가도 전문경영 시대 • 17
진짜 주주는 대한민국 국민 • 23
핵심 사원은 공무원 • 25
혁신적인 근무 환경 조성 • 33

II 대한민국, 지금 어디에 있나·위기와 기회
위기 요인 • 45
기회 요인 • 64

III 대한민국을 대혁신, 대혁명하라
시장의 실패와 극심한 양극화 • 77
추격경제 시스템의 한계 • 82
선도경제로 대혁신, 대혁명하라 • 89

IV 레볼루션 코리아 혁신전략·경제

혁신01 인공지능(AI) 경제 혁신 • 100

혁신02 초혁신경제 혁명 • 113

혁신03 글로벌 경제 혁신 : 신광개토 세계경영 전략 • 136

V 레볼루션 코리아 혁신전략·사회

혁신04 저출생 혁신 • 152

혁신05 고령화 혁신 • 164

혁신06 지역균형 발전 혁신 • 176

혁신07 복지 혁신 • 200

혁신08 교육 혁신 • 216

VI 레볼루션 코리아 혁신전략·정치와 행정

혁신09 정치 혁신 • 240

혁신10 정부 혁신 • 256

혁신11 재정 혁신 • 286

대한민국 대혁신 실행전략 11 • 308

에필로그 글을 마치며 • 314

주식회사
대한민국
건설

I

대한민국 혁신의 기본방향은

대한민국을 민간의 주식회사처럼

경영해야 한다. 즉 주식회사

대한민국을 건설해야 한다.

문제는 '어떤 주식회사'처럼 만들고,

경영하느냐에 있다

국가도
전문경영
시대

대한민국의 법인격은 무엇인가? 특수법인인가? 공익법인인가? 사단법인인가? 이 가운데 어느 하나가 아니라면 무엇인가? 아니다, 질문을 다시 하자. 대한민국의 법인격은 무엇이 되어야 하는가? 사람들은 무심하게 말한다. '국가는 법인격이 없다'라고. 이런 물음은 대한민국, 이른바 국가의 법인격에 대해 우리가 논쟁하기 위해 던지기 위해서가 아니다. 국가의 역할이 무엇인가? 어떻게 되어야 하는가를 이야기하기 위함이다.

    지금의 대한민국은 헌법 제1조*에 규정된 것처럼, 대한민국이

---

*   ① 대한민국은 민주공화국이다. ② 대한민국의 주권은 국민에게 있고, 모든 권력은 국민으로부터 나온다.

진짜 민주공화국으로 운영되고 있는가? 국민이 진짜 주인인 국가로 운영되고 있는가? 진짜 주인인 국민을 행복하게 만들고 있는가? 바로 이것에 대한 답을 얻기 위한 물음이다.

대한민국의 법인격은 무엇인가

우리가 놓쳐서는 안 되는 것이 있다. 대한민국의 법인격이 무엇이든지, 대한민국 헌법 제1조에 어긋나는 국가 운영을 해서는 안 된다. 민간기업의 주식회사처럼 대한민국은 수익과 비용을 인식하는 효율적인 조직으로 운영되어야 한다.

국가가 투입하는 모든 재원은 민간기업의 주식회사 경영처럼 비용으로 인식해야 한다. 민간기업은 투자를 결정할 때, 되도록 비용을 줄이고 효과를 낼 수 있도록 최선의 의사결정을 한다. 투자 비용 대비 얼마나 성과가 나는지 투자의 효율성을 따진다.

대한민국도 국가정책을 결정하고 추진할 때, 민간기업을 경영하듯이 철저히 손익 계산하면서, 의사결정 즉 국가를 경영해야 한다. 물론 국가 경영은 민간기업 경영과는 질적으로 다른 부분이 많지만, 국가의 진짜 주인인 국민이 행복할 수 있도록 정책 결정, 국가 경영을 하자는 이야기다.

지금의 대한민국은 민간의 주식회사처럼 국가정책을 효율적으로 결정하고 있는가, 비용에 포함된 개념과 수익의 철학적 의미를 인식하고 있는가, 실제로 거둔 성과를 다시 정책 결정에 피드백하고 있는가, 구체적으로 국가 경영을 제대로 수행하고 있는가, 적어도 정책 결정자들이 국가를 경영한다고 인식하고 있는가.

일반적으로 말하듯 '국가는 법인격이 없다'라고 하자. 아무리 그렇다 하더라도 국가도 엄연한 조직체다. 국가 운영은 비용 개념 없이 영속할 수 없다. 공공의 이익만 달성하면, 국가는 자기 존재의 의미와 소명을 다했다고 할 수 있는가?

국가도 민간기업처럼 철저히 경영 개념을 염두에 두고 운영해야 한다. 국가가 지속할 수 있고, 시시각각 닥쳐오는 변화에 대응하며, 창의적인 대안까지 찾아내야 하고, 공공의 이익도 좀 더 확장할 수 있어야 한다. 여기에 민간의 경영 개념에 더해 공공의 이익까지 덧붙여 정책을 결정한다면 더할 나위가 없을 것이다.

주식회사 대한민국을 경영하라

대한민국 혁신의 기본방향은 대한민국을 민간의 주식회사처럼 경영하는 데 있다. 즉 주식회사 대한민국을 건설해야 한다. 문제는

'어떤 주식회사'처럼 만들고, 경영하느냐에 달려 있다. 지금은 글로벌 경제 시대다. 국가 간의 경쟁이 치열하다. 죽느냐 사느냐의 갈림길에 서 있고, 치열한 생존 경쟁이 밤낮으로 펼쳐지고 있다. 이런 절체절명의 상황 속에서 우리 대한민국은 살아남아야 한다.

대한민국도 하나의 기업처럼 경영해야 한다. 대한민국에서 생산된 제품과 서비스를 전 세계에 판매해야 한다. 그러려면 대한민국의 제품과 서비스의 품질이 우수해야 한다. 제품과 서비스의 품질은 국가 경영과 직결된다.

국가를 잘 경영해 우수한 제품과 서비스를 생산해야 글로벌 경쟁에서 이길 수 있다. 큰 수익은 절대로 저절로 생기는 게 아니다. 호박이 넝쿨째 굴러들어오는 법은 없다. 바람과 햇빛, 땅의 기운 그리고 농부의 잦은 발걸음이 있어야 자라고 열매를 맺는다. 국민의 행복한 삶도 국가의 수익과 연결되어 있다. 경쟁에서 이기고 수익이 많아져 이를 배분할 때 국민의 행복도 늘어난다.

국가 운영에 기업의 경영 개념을 도입하자. 정책을 결정하고 집행하고 수행할 때, 각자 '국가를 경영한다'라고 확고하게 인식해야 한다. 기업처럼 국가 경영 개념을 명확히 인식해야 국가의 효율성이 높아질 수 있다.

국가 운영의 결산도 민간의 주식회사처럼 철저한 수익/비용 개념으로 해야 한다. 그래야 국가의 재정 건전성과 지속적인 존속도

가능하다. 현재 대한민국의 글로벌 경쟁 상대 국가는 열 손가락 이내다. 미국, 독일, 일본, 영국, 프랑스, 이탈리아 등은 '이미' 선진국이다. 이들은 수백 년 동안 선진국의 지위를 차지해 왔고, 엄청난 국가 경쟁력을 '이미' 지닌 국가들이다.

우리는 이들 선진국이 '어떻게' 국가 경쟁력을 유지하고 발전시켜 왔는지를 제대로 연구해야 한다. 그래야 이들과 경쟁하며, 이들을 뛰어넘을 수 있다. 어떻게 선진국가와의 경쟁에서 이길 수 있는가. 과거처럼 국가 경영 개념이 미약한 대한민국으로 운영해서는 더 이상 안 된다.

우리만의 경쟁력을 갖추어야 한다. 그렇지 않다면, 세계 10위 이내 선진국가와의 경쟁에서 대한민국은 결코 승리할 수 없고, 글로벌 경쟁에서 장기적으로는 국가로서 존립할 수도 없다. 대한민국을 글로벌 주식회사로 운영해야 할 이유는 여기에 있다. 국가 경영 개념을 더 적극적으로 도입해야 할 시대적 소명도 여기에서 비롯된다.

대한민국을 대혁신, 대혁명하라

거시적으로 대한민국을 주식회사 운영의 시각에서 판

단하자. 그러려면 누구나 주식회사 대한민국 경영이라는 인식을 함께 공유해야 한다. 주식회사 대한민국이 세계에서 가장 강력한 글로벌 회사가 되도록, 세계 1등 기업으로 실현하기 위한 최고의 국가 시스템을 구축하자.

주식회사 대한민국의 시각으로 대한민국을 대혁신해야 할 때다. 정치, 경제, 사회, 안보, 교육 등 국가의 모든 분야마다 기존의 국가 시스템을 체계적으로 분석하고, 글로벌 경쟁력을 갖출 수 있도록 대혁신해야 한다. 주식회사 대한민국의 건설에 방해되는 모든 분야에서의 국가 시스템을 철저히 검토하고 현명하게 파악해야 한다.

이런 대혁신 프로그램을 구체적으로 만들어 과감히 실행하자. 급변하는 글로벌 경쟁에서 살아남으려면 국가 시스템의 대혁신 없이는 곤란하다. 국가 대혁신만이 대한민국의 살길이다. 이러한 국가 대혁신은 '혁명'하듯이 신속하고 과감하고 대대적으로 실행해야 한다. 대한민국을 대혁명해야 한다.

진짜 주주는 대한민국 국민

주식회사 대한민국의 주주는 누가 뭐래도 우리 대한민국 국민이다. 그렇다면 지금의 대한민국 국가 경영자들(국가기관, 공무원)은 현재 우리 국민을 주주로 인식하며, 과연 국가정책을 세우고 수행하고 있는가. 해마다 주주들에게 행복 배당을 높이기 위해 경영자들은 밤잠을 설쳐가며 고민하고 있는가. 주식회사 대한민국의 주주인 국민은 대통령, 국회의원, 지방자치단체장 선거 때, 이들이 성취한 경영실적 또는 앞으로의 경영 계획을 보고 투표하는가. 아니면 국민은 신규 후보자의 국가 경영 비전을 살펴보고 투표하는가.

대한민국의 주주인 국민이여, 결코 잊지 마시라! 주주의 권리를 확실하게 행사하자. 국민투표는 달리 말해 주주총회다. 주주총회 때 주주의 권리를 확실하게 행사하지 않으면, 경영자들은 정신을 차리지 않는다. 국민의 엄중한 투표 결과를 외면한 경영인은 퇴출되어야 마땅하다. 그들에게 맡겨서는 안 된다. 대한민국이라는 주식회사를 제대로 경영할 수 없기 때문이다. 그리고 그 피해는 고스란히 주주인 국민에게 돌아온다.

대한민국을 운영하는 경영자들은 주주인 국민이 위임한 국가를 잘 운영하여 경영 성과를 내도록 해야 한다. 국가를 경영하면서 민간기업, 국민, 타 국가기관들과 긴밀하게 협조해서 대한민국이라는 주식회사가 세계 시장에서 수많은 경영 수익을 낼 수 있도록 해야 한다.

국민을 대신해 대한민국을 위탁 경영하는 대통령, 행정부, 국회 등의 국가기관은 국민 주주의 이익을 위해 지혜롭고 현명하게 경영해야 한다는 역사적인 소명 의식을 갖고 있어야 한다. 민간기업처럼 국가 경영을 잘해서, 그 이익을 진짜 주주인 국민에게 최대한 많이 배당해야 한다.

국가 경영자들은 주주인 국민이 복지라는 배당을 많이 받아 행복하게 살 수 있도록 해야 한다. 그런데 지금의 국가 경영자들은 과연 이렇게 하고 있는가. 또 주식회사 대한민국의 진짜 주주인 국민 역시 자신들에게 주어진 정당한 주주권을 제대로 행사하고 있는가.

핵심 사원은 공무원

국가 공무원은 주식회사 대한민국을 운영하는 핵심 사원이다. 기업의 핵심 영업사원과 같은 존재다. 이들 구성원 중 일부인 대통령, 장관과 차관, 국회의원 등은 주식회사 대한민국 경영을 담당하고 있는 핵심 경영자들이다. 국가 경영자는 대한민국이라는 기업이 글로벌 시장에서 경쟁하여 많은 수익을 거두어야 할 의무가 주어져 있다. 연말에 평가하는 경영 성과를 통해 경영실적이 나쁘면, 마땅한 책임지고 물러나야 한다.

핵심 사원이 국가 경영을
하지 않는 이유

　　대한민국의 국가 경영자는 과연 이런 중차대한 책임감을 느끼고 있는가. 아니, 주식회사 대한민국을 경영한다는 기본적인 인식은 있는가. 공무원은 국가 경영 차원에서 기업이나 국민을 적극적으로 도와주려고 하는가. 국민을 마땅히 주주로 인식하고 주주의 이익을 하나라도 더 배당하기 위하여 공무원은 최선을 다하고 있는가.

　　불행히도 아닌 것 같다. 여러모로 드러난 현실을 보면 다 알 수 있다. 각종 언론이나 수많은 국민이 공무원의 복지부동 태도에 대해 숱한 이야기를 쏟아낸다. 다양한 이야기를 종합해 보면, 한마디로 공무원이 국가 경영을 하고 있지 않다는 것이다. 국가를 경영하는 공무원이라면 절대로 복지부동할 수 없다. 공무원의 복지부동은 자기 책임을 내팽개친 것이고, 심하게 말하면 직무 유기다.

　　번창한 나라들이 증명하듯, 국가 최고경영자는 핵심 사원인 일반 공무원이 국가를 경영한다고 인식하고, 신명 나게 일할 수 있도록 해야 한다. 공무원 집단인 국가기관이 주식회사 대한민국을 철저하고 확실한 소명 의식을 갖고 경영할 수 있도록 해주어야 한다. 그렇게 해야 치열한 글로벌 경쟁에서 주식회사 대한민국이 파산하지 않고, 주가도 올릴 수 있다. 대한민국의 발전은 핵심 사원인 공무원에게 달려 있고, 진짜 주주인 국민의 행복 역시 핵심 사원의 행동과 직결되어 있다.

지금 주식회사 대한민국의 핵심 사원인 공무원은 왜 국가 경영을 철저히 하지 않고 있을까. 도대체 그 이유는 무엇인가. 기본적으로 공무원은 공익(公益) 개념에 익숙한 사람들이다. 공무원은 국가 경영을 민간기업처럼 운영하는 것을 공익에 맞지 않다고 생각하는 경향이 있다. 즉 공무원 스스로가 기업 경영과 같은 사익을 추구하는 일은 하지 않아야 한다고 생각한다.

이들의 생각은 이제부터 바뀌어야 한다. 공무원이 민간기업을 도와주고, 국민이 돈을 벌도록 도와주는 것 또한 국가의 공익을 위한 것임을 다시 인식시켜야 한다. 공무원 교육을 통해서 "국가를 경영 개념으로 운영해야 한다. 기업을 도와주는 것이 공익에 부합한다.", "국민이 제기하는 민원을 마치 자기 일처럼 도와줘라. 그것이 공무원의 존재 이유다."라는 공익에 대한 개념부터 올바로 심어주어야 한다.

혁신적인 공무원 교육을 통해 공무원이 새로운 시각으로 국가를 경영하도록 인식 자체부터 바꾸고, 깨어 있는 공익 정신으로 신명 나게 일할 수 있도록 하자. 혁신은 가죽을 벗기고 새살을 돋

게 하는 것이다. 바로 그 새살은 공직자가 가져야 할 도덕이고, 공익 개념에 깃든 중요한 삶의 실천철학이다.

감사와 수사를
다시 생각한다

우리가 주목해야 할 부분이 있다. 공무원이 국가를 경영하지 못하도록 하는 가장 큰 요인, 바로 감사(監査), 수사(搜査)다. 많은 사람은 공무원이 왜 복지부동하려는지 의아하게 생각한다. 도대체 그들은 왜 그렇게 처신하는 것일까.

기원이 오래된 내력 중 하나를 찾는다면, 정부의 모 부처 국장이 외환위기 당시의 정책 결정에 대하여 사법적 처벌을 받은 사건을 들 수 있다. 결국 대법원에서 최종 무죄 판결이 났던 사건이다. 사실 그 일이 있기 전에는 공무원이 적극적으로 '정책을 시행'하는 것에 대해서 사법당국의 수사, 처벌 등이 없었다. 대체로 공무원의 정책 수행은 개인의 이익을 위한 게 아니라, 국가를 위해 적극적으로 일하다가 생긴 일로 판단했기 때문이다.

하지만 최근 들어 공무원 사이에서 일상적인 정책을 결정할 때, 어떤 일이 벌어지고 있는가. 사후에 정책 수행에 대한 감사와 수사가 줄기차게 이어지고 있다. 공무원의 자조 섞인 말에 따르면, "자신에게 맡겨진 일을 적극적으로 하면 직권남용으로 처벌받고, 소극적으로 하면 직무 유기로 처벌받는다."라는 하소연이 하나의 예다. 공무원이 일해도 문제고 일하지 않아도 문제여서, 차라리 그럴 바에는 이것도 저것도 하지 않고 그냥 복지부동하는 것이 더 낫다는 말이 그들 사이에서는 농담처럼 오간다. 웃어넘길 수도 없고, 들으면 들을수록 화가 나는 이야기다.

도대체, 왜 이런 말이 나왔는가. 공무원의 정책 결정에 대한 감사와 수사가 오히려 공무원의 복지부동을 유도한다는 것 아닌가. 새로운 정책 결정을 하지 않으려는 경향마저 보이는 공무원의 복지부동을 해결하려면, 지금 관행처럼 되어 있는 사후 감사와 수사를 혁신해야 한다.

공무원이 신명 나게 일할 수 있고, 직업적 소명을 마음껏 펼칠 수 있으려면, 과정은 투명하고 결과는 선명하게 평가해야 한다. 그와 동시에 추진 과정에서 미흡한 점이 있으면 그렇게 된 사유를 철저히 따지되, 공무원 개인과 시스템적 차원의 문제를 함께 고려하며 판단해야 한다. 정책 수행 결과에 대한 사후적인 사법적 판단보다는 해당 정책의 시행 과정에서 나타난 '문제를 발견'해서 다시금 재발하지 않도록 하는 것이 훨씬 더 필요하다.

김영란법을
현실에 맞게

2016년 9월 김영란법이 시행된 이후 국민 대부분은 공무원의 부패를 막을 수 있다며 매우 긍정적으로 평가했다. 그러나 일부에서는 이 법이 국가 경영을 수행하는 공무원을 위축시킨다며 회의적인 반응을 보였다.

김영란법이 시행된 이후부터 공무원은 민간인과 만나기를 꺼린다. 괜히 민간인과 만나는 과정에서 오해받기보다는 공무원끼리 만나서 밥 먹는 것이 훨씬 더 마음 편하다고 생각한다. 김영란법 도입 이후, 공무원이 민간 기업인을 자연스럽게 만나는 등 민간과의 소통은 실제로 현격히 줄어들었다.

이 부분도 생각을 달리하면 그리 어렵지 않게 수용할 수 있다. 공무원과 민간인의 만남을 보는 우리의 편향된 시각을 바꾸면 된다. 시각의 차이는 생각의 차이와 다르지 않다. 생각의 차이는 행동의 차이로 발전할 수 있다. 제한된 공간을 시각과 생각의 차이로 한층 더 넓게 활용한 사례가 있다.

올림픽 경기 중 표창 던지기는 오래된 경기다. 경기에 임하는 선수의 팔뚝 힘이 셀수록 날아가는 표창의 거리도 더 멀다. 그러던 중 아주 출중한 선수가 던진 표창이 경기장 바깥까지 날아가자, 심사위원 사이에선 의견이 분분했다. 기존의 표창 경기장을 더는 넓힐 수 없는 처지였다.

바로 그때 사람들 사이에서 새로운 시각과 생각이 발동했다. 아주 간단하고 현명하였다. 경기장의 공간을 넓히는 게 아니라 선수가 던지는 표창의 무게를 달리하는 것이었다. 즉 표창의 무게를 좀 더 늘이면, 제한된 경기장 내에서도 충분히 경기할 수 있다는 제안이었다. 시각과 생각의 차이가 행동의 차이로 이어지면서, 표창 던지기 경기에 대한 사람들의 편향된 인식을 확 바꿨다.

김영란법, 기존의 행동과 관습대로 보면 이 법은 사람과의 만남을 '의심하게' 만드는 곤란한 법일 수 있다. 그러나 이 법이 있든 없든 사람과의 만남을 좌우하는 것은 신뢰와 존경이다. 시대적 흐름에 맞춰 혼자 있어도 자기 자신을 속이지 않는다는 '신독(愼獨)'의 정신을 가르치면 된다.

김영란법도 현실에 맞게 개선하면 된다. 그 법 하나 때문에 공무원이 민간인과 수시로 만나 나누어야 할, 각종 사안의 처리에 제약이 있어서는 안 된다. 서로의 만남에 주저함이 없도록 바꾸고 고치면 된다.

공무원이 작은 법 자체에 발이 묶여, 국가 경영의 일선에서 뒷걸음치는 일이 없도록 개선해야 한다. 만약 김영란법에 저촉되는 행위를 한 공무원이 있다면 철저하게 처벌하면 된다. 그러나 그

법이 두려워서 민원인과 공무원의 만남 자체를 멀리하게 해서는 안 된다. 공무원이 더 적극적으로 공무를 수행할 수 있도록 국가 시스템을 대혁신해야 할 때다.

혁신적인 근무 환경 조성

과거 1970, 80년대만 하더라도 국가에 대한 충성, 국민에 대한 봉사 등 공직자로서의 투철한 국가적 사명감으로 공직에 입문하는 공무원이 대부분이었다. 공무원 스스로 국가와 국민을 위하여 일한다는 자부심이 대단했다. 그런 소명 의식을 갖춘 공무원은 밤새워 일하고 새벽에 퇴근하면서도, 자신이 국가를 위해 봉사한다는 자긍심에 피곤한 줄 몰랐다.

국가도 이런 자존감을 갖춘 공무원이 어디서 어떤 직책을 맡든, 열심히 일할 수 있는 환경을 만들었다. 저마다 적극적인 아이디어를 내도록 독려하며, 모두 국가발전을 위해 일하는 것을 자랑스럽게 여길 수 있도록 분위기를 조성했다.

국민의 공복으로
다시 열심히 일하는 핵심 사원

　　이런 환경 조성과 자긍심을 고조시키던 당시만 하더라도, 대한민국은 제대로 밥도 먹고 살기 힘든 빈곤 국가였다. 국토는 좁고 지하자원도 없고, 기술도 제대로 갖춰지지 않았던 시기다.

　그런데도 공무원은 비록 한정된 재원을 갖고서 오로지 국가와 국민에 대한 충성과 봉사라는 투철한 소명 의식과 하면 된다는 신념으로 국가발전을 위한 경제개발계획을 수립했고, 체계적인 집행을 위해 밤새워 일했다. 일이 곧 삶이었고, 삶이 곧 자긍심이었다.

　대학 졸업생 중 우수한 인재는 너도나도 공무원의 길을 희망했다. 공무원 스스로도 국가 경제가 발전되고 국민의 삶이 조금씩 나아지는 것을 보람 있게 생각하며, 자신이 맡은 일에 전념했다. 집집마다 자식 중에 공무원이 된 것을 자랑스럽게 여겼고, 공무원 합격자가 나오면 큰 잔치가 벌어졌고, 집안 잔치와 동네 축제가 따로 없었다. 축하 플랭카드가 동네 곳곳에 나부꼈다.

　공무원의 일상은 주말이 되어도 마음껏 놀 수 없었을 뿐 아니라, 1년 내내 휴가조차 가지 못한 채 일해야 했다. 그런데도 공무원 본인이나 가족은 별로 불평하지 않았다. 오히려 우리 아빠, 엄마가 공무원으로서 국가와 국민을 위해 휴일도 없이 일하는 것이 늘 자랑거리였다. 공무원마다 자신의 인생을 모두 국가에 바쳤다고 할 정도였다. 공무원의 정년 퇴임식은 보람과 희생을 떠올리는 이들로 인해 늘 눈물바다였다. 이런 자랑스러운 공무원이 있어서 대한민국이 발전하고, 오늘의 대한민국이 존재하게 되었다.

공무원은 스스로 주식회사 대한민국의 핵심 사원이라는 사명감과 소명 의식을 가져야 한다. 공무원이 진짜 주주인 국민을 위하여 성과를 내면서 일하는 것이 얼마나 보람된 일인지를 실감하고 올바로 인식하자. 주식회사 대한민국의 핵심 사원인 공무원이여, 국가발전을 위한 헌신, 국민에 대한 봉사를 늘 잊지 말자. 주식회사 대한민국 건설의 성공 여부는 다름 아닌 핵심 사원인 공무원의 손에 달려 있다.

복지부동한다고
비판받지 않을 핵심 사원

지금은 어떤가. 공무원을 지망하는 숫자가 급격하게 줄었다. 공직에 입문한 사람들조차 공직을 떠나는 숫자가 계속 늘고 있다. 물론 겉으로 보면 우리 대한민국은 경제 개발 초기에 비해 국가와 사회 환경이 많이 달라졌고, 민간기업도 급속히 성장하였다. 이런 환경이 조성된 데에는 급속히 성장한 민간기업이 공직에 대한 대안으로 작용한 측면도 있다. 그러나 이것만 강조해선 곤란하다.

최근 대학 졸업생 중 우수한 청년들의 직업 선택을 본 적 있는가. 그들은 공무원을 선호하지 않는다. 더 심각한 것은 공무원으로 입직한 사람들도 정년퇴직 때까지 근무하지 않고, 중간에 그만두는 사례가 빈번하다. 사람들은 말한다. 대한민국 공직사회도 이젠 활력을 잃었다며 비난 아닌 비난을 하고 있다. 심지어 공무원이 너무 제 몸만 사리는 보신주의에 젖었다고 비난한다.

특히 공무원 중에서도 열심히 일하는 공무원일수록 온몸으로 이를 느끼고 있다고 한다. 성실과 보람, 자부심과 자긍심으로 공직을 수행하는 공무원을 향한 비난의 말은 열심히 일하는 공무원의 폐부를 찌른다.

이런 비난이 난무하자, 문제가 있을 만한 정책 추진에 공무원은 소극적이다. 공무원은 일은 하더라도 너나없이 책임지지 않으려 한다. 아니 처음부터 책임질 일에 가담하기 싫어하고, 적극적으로 나서지 않으려 한다.

공무원이 마땅히 해야 할 일을 수행하지 않고 회피하게 만든, 정책을 소극적으로 추진하게 만든 것은 누구인가. 무엇이 공무원을 수동적인 존재로 만든 것일까. 최근 공직사회의 분위기는 과거

1970년대, 80년대, 90년대와는 많이 달라졌다. 공직사회에 점차 정치가 개입되고 정책 결정에 대한 사법적인 판단이 내려지면서, 열심히 일하는 공무원에게 가해지는 소위 사법 리스크가 높아졌다.

공무원은 ① 적극적으로 일하면 직권남용, ② 소극적으로 일하면 직무 유기, ③ 따라서 일을 요령껏 하는 것이 최고라는 인식이 부지불식간에 확대되고 팽배해 있는 듯하다. 비난할 수만은 없는 일이다. 지금 공직사회의 현실이기 때문이다. 문제는 우리가 이를 '어떻게' 개선하느냐다.

아무리 좋은 새로운 정책이라 하더라도 제대로 추진되지 않고, 민원 처리도 느리면 국가발전이나 국민의 행복 측면에서 보면 엄청난 문제가 생긴다. 이러한 문제부터 해결하지 않고서는 주식회사 대한민국을 실현할 수 없다. 이제 가장 뿌리 깊은 문제가 무엇인지 명확히 드러났다. 사후에 하는 감사와 수사가 암암리에 공무원의 새로운 정책 추진 동력을 위축시키고 있다.

공무원 사이에서 위험성이 있다고 판단되는 새로운 정책이나, 문제가 있다고 여겨지는 국민의 민원을 자신이 처리하지 않으려는 환경부터 개선해야 한다. 최근 일련의 동료 공무원에 대한 사법적 처벌 등으로부터 공무원은 학습한 바가 있다. 학습의 효과는 금세 확산된다. 이런 문제가 더는 발생하지 않도록 공직사회의 근무 환경을 혁신해야 한다. 공무원을 복지부동하게 만드는 대한민국에는 미래가 없기 때문이다.

감사와 수사를
혁신하라

공무원은 새로운 정책을 수없이 수립하고 집행해야 한다. 그런데 최근 들어 많은 정책이 사후 감사나 수사 대상이 되고, 담당한 공무원이 징계는 물론 심지어 징역이나 벌금형까지 처하는 사례가 많이 나오고 있다. 그러나 선례도 없는, 많은 국가정책을 사전적으로 추진하다 보면 그 과정에서 발생하는 문제점을 미리 알 수 없고, 철저히 예측한다고 해도 구체적으로 드러나지 않는 경우가 대부분이다.

감사나 수사는 사후적으로 하는 것이라서, 일의 결과만 놓고 보면 문제점을 더 명확히 파악할 수 있다. 그러나 새로운 일 즉 처음으로 정책을 추진하는 공무원으로서는 가보지 않은 길을 가는 것이다. 사후 감사나 수사로만 공무원의 일 처리를 판단하는 것은 '과정'은 생략한 채 결과만 놓고 따지는 격이어서, 공직사회의 경직성을 가중시킬 수 있다. 이런 식의 시각과 일 처리는 공무원에게 복지부동하라는 것밖에 되지 않는다.

이런 일이 빈번해지면 공무원은 열심히 일하지 않는다. 아니

일을 제대로 하려고 해도 혹시나 뒤탈이 날까 봐 주저하게 된다. 정직하게 일 처리를 하는 자기 자신조차 믿지 못하는 공무원 사회의 분위기가 팽배해지면, 이는 주식회사 대한민국 건설에 결코 도움이 될 수 없다.

그렇다면 어떻게 해야 할까. 우리는 공무원이 맡은 바 임무를 누가 보든 보지 않든 당당하고 떳떳하게 일할 수 있는 사회적 여건을 구성원이 '사려 깊게' 생각하고, '함께' 만들어야 한다.

공무원이 정책을 추진할 때 누가 보더라도 고의가 있거나 중과실을 범한 경우가 아니라면, 그 일로 인해 감사나 수사를 받지 않도록 신분 보장을 해줘야 한다. 사사건건 사후에 감사하고 수사하면, 공무원의 정책 결정은 실제로 수행해야 할 정책적 업무보다 사후 감사에 대비한 일로 오히려 더 문제가 많을 수 있다.

특히 다른 나라와 연관된 글로벌 차원의 국가정책이라면 거의 선례가 없는, 처음 추진하는 경우가 대부분일 것이다. 만약 이러한 새로운 일에 사후적인 수사나 감사를 확대한다면, 공무원으로서는 마치 살얼음판을 걷듯 일하게 된다. 결국 공무원의 근무 의지는 소극적일 수밖에 없다.

다만 정책 추진에 대한 평가는 사후 감사나 수사를 통해 철저히 해야 한다. 그렇게 해야 수행 과정 중 본의 아닌 실수라 하더라도 같은 실수를 다시 반복하지 않게 된다. 감사나 수사를 통해 확인하는 과정에서 고의나 중과실이 없다면, 해당 공무원을 징계하기보다 그런 일이 다시는 발생하지 않도록 정책적 권고나 사전 예방 같은 방법으로 대체할 것을 제안한다.

이런 정책적 권고를 받은 공무원이라면, 앞으로 같은 문제가 반복적으로 발생하지 않도록 한층 더 철저하게 업무를 수행할 것이다. 그런데도 같은 사례가 또다시 반복되면, 그때는 엄격하게 합당한 처벌을 하면 된다. 물론 정책 추진 과정에서 공무원이 부정한 돈을 받는 경우 등의 비리가 밝혀지면, 그것은 그것대로 마땅히 감사나 수사를 받아야 하고, 당연히 그에 따른 법적 처벌도 감당해야 한다.

공무원의 민원 처리도 마찬가지다. 민원을 처리하면서 불법적인 돈이나 과도한 접대를 받거나, 고의 또는 중과실이 있는 경우를 제외하고는 감사로 인한 징계, 수사로 인한 인신 구속 등의 처벌은 받지 않게 해야 한다.

지금은 정부가 민원 처리도 사후에 감사나 수사를 하고 있다. 그로 인해 민감한 민원 처리에도 장시간이 걸린다. 그 기간이 지체될수록 공무원에게 쏟아지는 비난도 적지 않고 심지어 민원 처리를 해주지 않으려는 경우도 많이 있다. 그 결과 결국 피해를 보는 것은 주주인 국민이다.

감사원은 정책 추진이나 민원 처리 등을 감사할 경우, 감사 가이드라인을 혁신하여 공무원이 열심히 일하도록 만들어야 한다. 법무부도 공무원이 수행한 정책이나 처리한 민원 등에 대한 수사 시, 글로벌 시대에 부합하는 합리적인 가이드라인을 만들어야 한다. 그리하여 공무원이 위축되어 정책 추진이나 민원 처리에 소극적이지 않도록 해야 한다.

대한민국, 지금 어디에 있나
: 위기와 기회

II

위기는 저출생/고령화에서 온다.

국가 경쟁력의 저하,

기후변화/저탄소 경제 부담,

국가 시스템의 낙후,

국가 혁신 과제에 대한

과감한 실행 의지 부족에서 온다

위기
요인

첫째, 국내적으로 국가발전을 저해하는 가장 큰 위기 요인은 저출생/고령화다. 이에 따라 국내 총인구의 지속적인 감소가 예상된다. 총인구의 감소는 국내 총수요의 감소로 이어진다. 총수요의 감소는 국내 시장을 위축시킨다. 따라서 국내 시장만을 대상으로 하는 사업은 어렵다.

둘째, 국가 경쟁력의 저하다. 오늘날의 국가 경쟁력은 세계 1등 제품/서비스가 몇 개인지에 달렸다. 지금 대한민국에는 세계 1등 제품/서비스가 몇 개인가. 갈수록 급격히 줄어들고 있다.

셋째, 기후변화/저탄소 경제는 제조업이 많은 대한민국 경제에 큰 부담이다. 우리는 얼마나 잘 대비하고 있는가.

넷째, 국가 시스템의 낙후다. 현재 대한민국의 국가 시스템은 추격경제 시대에 설계된 시스템이다. 그러나 이 추격경제 시스템은 이미 수명을 다했다. 선도경제에 맞는 혁신 시스템으로 대 혁신해야 한다.

다섯째, 국가 혁신 과제에 대한 과감한 실행 의지도 부족하다. 대한민국의 대혁신을 위해서는 냉철한 판단과 현명한 투시력, 과감한 실행과 행동이 중요하다. 혁명하듯이 대한민국을 대혁신해야 한다.

세계 최저 출생과 급속한 고령화

한국의 저출생*, 고령화**가 점점 빨라지고 있다. 대한민국은 2020년 처음으로 총인구가 감소하는 인구의 데드 크로스(Dead Cross)가 발생할 정도로 심각한 상황이다. 단기적으로는 아동, 청소년 등 학령인구의 감소로 이어지고 있다.

---

*   출생율 : (2016) 1.17명 → (2017) 1.05명 → (2018) 0.98명 → (2019) 0.92명 → (2020) 0.84명
** 노인 인구(65세 이상) 전망 : (2017) 14% → (2020) 16.1% → (2030) 25.5% → (2040) 34.3%

연도 대상	2017년	2020년	2030년	2040년
① 유년층 (14세 이하)	668만 명 (13.4%)	623만 명(↓) (12.4%)	489만 명(↓) (9.8%)	489만 명(-) (10.1%)
② 생산가능인구 (15~64세)	3,625만 명 (72.6%)	3,579만 명(↓) (71.5%)	3,223만 명(↓) (64.7%)	2,703만 명(↓) (55.6%)
③ 고령층 (65세 이상)	701만 명 (14.0%)	803만 명(↑) (16.1%)	1,268만 명(↑) (25.5%)	1,666만 명(↑) (34.3%)
④ 총인구 (내국인)	4,994만 명	5,005만 명(↑)	4,980만 명(↓)	4,858만 명(↓)

저출생에 따른 교원 수급 규모 조정, 대학 구조개혁 등이 이미 진행되고 있다. 이에 따라, 관련 산업에 종사하고 있는 사람들의 일자리나 생계는 점점 더 위협받게 될 것이다. 이렇게 저출생으로 인해 인구수가 계속 감소하는 추세여서 국내 경제에 큰 위협 요인이 되고 있다.

향후 인구변화 전망

이미 많은 자료와 통계수치가 말해 주듯이, 대한민국 인구는 시간이 갈수록 줄어들 것이다. 인구수 감소는 국내 총수요의 지속적인 감소를 가져온다. 국내 총수요의 감소는 다시 국내 잠재 성장률 저하를 가져온다. 이대로 내버려 두면, 악순환의 고리에 빠져 국가적 대재앙이 예상된다.

장기적으로는 일하는 사람이 줄어 노동시장의 공급 부족이 예상된다. 이는 경제성장의 잠재력과 미래 동력을 둔화시킬 수 있다. 기본적으로 노동은 생산성을 결정하는 주축이라서 노동력의 감소로 생산성까지 줄면 경제성장에는 큰 악영향을 미칠 수 있다.

이런 악영향을 최소화하기 위해 최근 정년 연장, 정년 폐지 등이 활발히 논의되고 있다. 그런데도 세대 간의 갈등까지 있어서 합당한 결론을 얻기가 쉽지 않은 상황이다. 여기에 더해 고령화의 급속한 진전도 큰 문제다. 2020년부터 앞으로 10년간 베이비붐 세대(1955~63년생)의 노령인구 편입에 따른 고령화도 점점 더 가속화될 것으로 전망된다.

이러한 변화는 국민연금 등 연금 수급자의 증가에 따른 연금 고갈 문제와 건강보험 재정의 적자 확대 등과 같은 미래 세대의 부담을 증가시키는 쪽으로 확산될 것이다. 이처럼 저출생과 고령화가 동시에 겹치면서, 대한민국은 이제 중첩된 위기 상황에 부닥쳤다. 장차 노인을 부양해야 할 청년의 숫자는 계속 줄어드는 데 반해, 부양받아야 할 노인의 숫자는 계속 늘고 있어 마치 '악어 입'과 같은 구조가 형성되고 있다. 대한민국의 지속 가능성은 갈수록 암담한 상황이다.

다만 저출생과 달리 고령화 현상은 실버산업의 확대라는 긍정적인 결과도 가져올 수 있다. 노령층을 주요 대상으로 건강, 의료, 주택 등 다양한 상품 시장이 활성화되기 때문이다. 이렇듯 저출생과 고령화라는 두 가지 문제가 시대적 화두로 급부상하고 있지만, 지금으로서는 쉽게 비껴갈 수 없는 상황이다.

따라서 저출생·고령화에 따른 사회적 기회는 되도록 잘 살리면서 다가오는 위기에 미리 대비할 수 있는 전략을 신속하게 구축해야 한다. 위기를 기회로 전환할 해법은 복지 누수 혁신, 연금 개혁, 건강보험 혁신, 교육 혁신 등에 있다. 만약 우리 사회가 이를 제대로 간파하여 대비책을 세운다면 대한민국은 또 다른 희망을 가질 수 있을 것이다. 그렇지 않으면 우리의 미래 후손 세대는 매우 암울한 현실을 맞게 될 것이 분명하다.

국가 경쟁력의 저하

글로벌 시대의 국가 경쟁력은 어떻게 평가해야 하는가. 여러 답변이 가능하지만, 한마디로 말한다면 우리가 세계 1등 제품과 서비스를 얼마나 많이 보유하느냐에 달렸다고 본다. 글로벌 경제에서는 전 세계 국가 간의 경쟁이 치열할 수밖에 없다. 국경을 넘어 무한경쟁이 쉴 새 없이 펼쳐지는 탓이다.

말이 나온 김에 이런 글로벌 기준으로 대한민국의 국가 경쟁력을 한번 솔직하게 평가해 보자. 대한민국에서 생산되는 제품이나 서비스 가운데 확실하게 세계 1등에 해당하는 제품이나 서비스가 몇 개나 되는가. 이런 기준에 확실하게 부합하는 품목은 메모리 반도체다. 물론 이외에도 TV 등 가전제품, 휴대폰 등도 들 수 있다. 이러한 세계적인 경쟁력을 갖춘 제품이나 서비스가 그동안 대한민국 국운 융성의 근간이었다.

그런데 지금은 어떤가. 이런 세계 1등 제품과 서비스에 대한 각 국가 간의 생산 경쟁이 엄청나다. 미국, EU, 일본 등 선진국 간 경쟁은 위기의식을 갖게 한다. 특히 중국의 도전이 매우 위협적이다. 대한민국의 경쟁력이 상대적으로 우월한 분야인 반도체, 이차전지, 자동차, 정유 등의 분야에서 이런 글로벌 도전은 갈수록 더 거세지는 추세다.

특히 미래 먹거리인 신산업 분야에서의 경쟁이 가장 심하다. 인공지능, 블록체인, 데이터, 우주, 양자 컴퓨팅 같은 분야에서는 이미 세계적 차원의 각축전이 치열하게 진행되고 있다. 이런 분야에서 대한민국의 준비 상황은 어떠한가? 과연 이런 신산업 분야에서 각축전을 벌이고 있는 글로벌 경쟁을 뚫고 대한민국이 세계 1등의 경쟁력을 차지할 수 있을까?

대한민국의 글로벌 국가 경쟁력을 1등으로 만들고 계속 유지하려면 필요한 모든 국가 시스템을 근본적으로 혁신하지 않으면 안 된다. 그중에서도 교육 시스템, 기술개발 시스템 등을 세계 최고 수준으로 혁신해야 한다.

기후변화, 저탄소 경제시대 대비 부족

지난 20년간 지구의 온도는 산업화 시기 평균 온도에 비해, 0.5℃ 상승하는 등 지구 온난화가 심각한 문제로 대두되었다. 동토의 땅인 남극과 북극의 빙하가 녹는 일은 이미 오래전부터였다. 잦은 태풍과 과수화상병 등 그동안 듣도 보도 못한 농작물 충해가 산지사방에서 새롭게 발견되는 등 자연환경에도 엄청난 변화가 일어나고 있다.

최근 전 세계 국가가 극심한 고초를 겪었듯이, 지구촌은 코로나19와 같은 심각한 신종 감염병이 언제든 창궐할 수 있는 상황이 되었다. 이러한 자연적·사회적 변화는 모두 지구 온난화의 영향으로 평가되고 있다. 이제 우리는 지구 온난화를 제대로 막지 못하면 인류 멸망에 이를 정도로 미증유의 위기를 겪게 될 것이라는 게 과학자들의 냉철한 판단이다.

지구 온난화의 주범은 무엇인가. 과학적 증거가 말해 주듯 다름아닌 이산화탄소(CO_2)다. 이런 기후환경 변화에 직면한 지금,

세계 각국이 모여 탄소 발생률을 감축하기 위한 저탄소, 탄소중립 등에 관한 논의를 본격적으로 시작해서 그나마 다행이다.

전 세계적인 탄소 감축 노력

전 세계 여러 나라는 2050년까지 탄소중립을 목표로 정했다. 한국도 2050 탄소 제로(Zero) 경제 구축을 공언한 바 있다. 하지만 탄소 감축은 말처럼 쉽지 않다. 누군가의 희생과 불편을 감수해야 하고, 사회적 비용도 엄청나기 때문이다.

기후변화 경제 시대 대비가 우리 경제와 사회에도 큰 영향을 미치겠지만, 저탄소 경제정책은 지속 가능한 발전과 미래 세대를 위해서 반드시 추진해야 한다. 가능하다면 이런 상황을 또 다른 기회로 만들어낼 지혜도 필요하다. 일부 기업들이 선제적으로 ESG(Environment, Social and Governance) 경영을 선언하고, 탄소중립을 꾀하는 모습도 찾아볼 수 있다. 저탄소라는 시대적 화두를 피할 수 없다면, 이를 적극적으로 수용하는 동시에 역으로 새로운 기회로 만들 수 있는 적극적인 사고가 절실하다.

이런 역발상을 시도하려는 기업들은 단기적으로 손해를 볼 수 있다. 그러나 장기적으로는 2보 전진을 위한 1보 후퇴의 전략적 행보로 평가받을 것이다. 탄소중립이 피할 수 없는 길이라면, 이런 환경적 조건을 남들보다 앞장서서 수용하면서 혁신적인 적응과 획기적인 대응 방안을 찾아보는 것 또한, 우리의 국가 경쟁력을 제고시키는 길이 될 것이다.

저탄소 경제가 큰 부담으로 작용할 가능성

일단 우리가 인정해야 할 것은 대한민국은 제조업 비중이 높다는 사실이다. 그중에서도 특히 탄소 배출량이 많은 제철, 정유, 발전 등이 많은 나라다. 중소기업 역시 많은 나라다. 하지만 이들 중소기업 등은 탄소 배출을 줄이기 위한 환경투자 같은 준비를 거의 갖추지 못한 상황이다. 앞으로 저탄소 경제로 진입하려면 그에 따른 투자 비용이 대거 들 수밖에 없다.

현실적으로 중소기업은 하루하루 살아가기도 어려운데, 기후변화와 저탄소 시대에 대비한 미래 투자를 확대할 여력이 부족하다. 대기업 중에서도 일부만 저탄소를 위한 ESG 경영 등을 하고 있다. 그렇다 하더라도 저탄소 ESG 경영을 제대로 하려면 원자재, 중간재, 최종재 등 전 주기(TLC : Total Life Cycle) 측면에서 충족되어야 한다.

설령 대기업이 중소기업 등으로부터 중간재를 공급받더라도 해당 중소기업의 ESG 경영 여부도 여기에 반영해야 한다. 사정이 이렇다면, 결국 대기업이 중소기업 등을 포함한 협력업체들과 함께 이끌어가야 한다. 협력업체인 중소기업이 준비되지 않으면, 그 부담은 고스란히 대기업에게로 돌아올 수밖에 없기 때문이다.

신재생 에너지 경제로 전환해야

저탄소 경제로 환경을 개선하려면 석탄발전소 등 화석연료를 활용한 발전은 계속 축소하고, 대체 에너지원인 풍력, 태양열 등 신재생 에너지를 점점 더 활용해야 한다. 정부가 추진 중인 에너지 전환정책이 재생에너지 생산을 증대하는 방향으로 설계된 이유도 이 때문이다.

이렇듯 거스를 수 없는 세계적인 흐름 속에서 우리가 얼마나 빨리 저탄소 경제를 달성하는지가 앞으로 대한민국 경제의 국가경쟁력을 좌우할 것이다. 산업, 교통, 주거 등 모든 분야에서 탄소를 최대한 줄일 수 있는 획기적인 조치가 시급하다. 우리가 먼저 체계적으로 대비하고 철저히 준비해야 한다.

저탄소 경제라는 밀려오는 명명백백한 위험은 외면한 채, 마치 꿩이 머리만 땅에 박거나 눈만 감고 모르는 체하듯 해서는 안 된다. 닥쳐오는 위험은 우리가 정면으로 맞서 제대로 풀지 않으면 안 될 글로벌 차원의 과제다.

수소(Hydorgen) 에너지에 대한 주목도가 높아지는 이유도 여기에 있다. 물을 주원료로 하는 수소는 완전히 연소시켜도 산소와 결합하여 결국 극소량의 질소와 물로 변한다. 수소를 활용하면 공해 물질에 따른 환경오염을 전혀 걱정할 필요가 없다. 바로 이 점 때문에 수소는 궁극적인 청정 에너지원으로 평가받는다.

우리가 탄소중립을 위해 석유나 석탄 사용을 절감하려는 것만큼 수소경제로의 전환에도 속도를 내지 않으면 안 된다. 다만 아직 수소 에너지 활용에는 두 가지 한계가 있다.

하나는 비용 문제다. 지금은 석유·석탄보다 수소가 비싼 에너지원이기 때문에 수소 에너지의 효율성과 경제성을 높여야 한다. 값싼 수소 확보 방법을 연구해야 한다.

다른 하나는 수소의 저장과 수송문제다. 기체 상태의 수소는 부피가 커서 대용량 보관이 곤란하다. 현명한 해결책은 액화수소의 개발이다. 기체 수소를 액화하면 부피가 1/800 수준으로 줄어들어 저장과 운송이 쉬워진다.

앞서 말한 한계들을 극복하기 위한 R&D나 기술개발 등에 국가적 역량을 집중해야 한다. 결국 대한민국이 전 세계에서 가장 저렴한 수소를 생산하고 액화수소화에 성공하면, 수소 에너지는 전 산업에 활용되어 탄소중립과 경제성이라는 두 마리 토끼를 동시에 잡게 될 것이다.

대한민국처럼 국토가 좁고, 산악지형이 많은 나라는 태양광 발전도 고려해야 한다. 그러나 태양광 패널을 설치할 장소가 극히 부족하다. 지금처럼 건물의 지붕 등에 설치하는 데도 매우 제한적이다. 태양광 설치 장소를 확보하는 것부터 어렵다. 물론 산이 많은 것도 그렇지만 경사가 너무 가파르다. 다른 나라에 비해 국토 면적도 좁아서 태양광 패널 설치에 적지 않은 한계가 있다.

더러는 해안가를 대안공간으로 생각한다. 그러나 인근 바닷가나 연안에는 태양광 패널을 설치하기가 까다롭고, 지속적인 관리에도 많은 애로사항이 있다. 태양광 패널에 날아드는 새떼를 막기 어렵고, 그 새의 배설물로 인한 패널 훼손 방지도 어렵다. 더욱이 배설물을 제거할 때는 염분이 없는 민물로 처리해야 한다. 바닷가로 민물을 공급하는 데도 적지 않은 비용이 들고, 화학제품을 쓰자니 해양오염으로 해양 생물들의 서식지가 파괴될 수 있다. 이렇게 되면 결국 배보다 배꼽이 더 클 수밖에 없게 된다.

태양광 발전에는 문제가 적지 않지만, 획기적인 방안이 전혀 없는 건 아니다. 앞으로 태양광 패널을 가파른 산비탈, 제대로 관리하기 힘든 바다, 각종 건물의 협소한 옥상 등에 설치하지 않아도 되는 방법이 있다. 바로 유리창을 이용하는 방법이다.

현재 설치된 유리창을 태양광 발전이 가능한 유리로 대체하면 된다. 집집마다 건물마다 세상에 유리창이 없는 곳은 없다. 전 세계 어느 나라든 이미 다 설치되어 있는 유리창을 태양광 발전이 가능한 유리로 대체하면, 고질적인 탄소 배출 문제를 충분히 해소할 수 있다.

단적인 사례지만, 바로 이런 창의적인 아이디어를 연구 개발할 R&D에 과감하게 투자해서, 전 세계 1위의 제품을 만들면 된다. 이처럼 창의적이고 혁신적인 마인드가 대한민국 경제에 큰 도움이 될 것이다. 국가적인 과제로 집집마다 건물마다 전 세계 어느 곳 어느 나라든 공급 가능한 태양광 유리를 개발하는 데 집중하자. 이것이 바로 진정한 혁신이다.

낙후된 국가 시스템의 위기

현재 대한민국의 국가 시스템은 글로벌 1등 인재 육성, 글로벌 1등 제품과 서비스를 개발하는 시스템인가. 그렇지 않다면 글로벌 경제에서의 치열한 경쟁에 따른 국가 시스템의 위기 상황을 인식하고 있는가. 글로벌 1등 경제를 달성하기 위해 낙후된 국가 시스템을 혁신하려고 노력하고 있는가. 결론적으로 말해, 이런 기준에 부합하려면 아직 많이 부족하다. 걱정되는 부분도 적지 않다. 자칫 잘못하다가는 지금까지 이룬 대한민국 국운 융성의 상승 기세 자체가 꺾이는 것이 아닌지 불안하다.

현재 활용 중인 대한민국의 국가 시스템은 기본적으로 평균적인 인재, 평균적인 제품, 평균적인 서비스를 생산하는 데 알맞은 시스템이다. 이러한 시스템은 추격경제 시스템하에서 설계되었다. 물론 추격경제 아래에서 거둔 효과는 적지 않았다.

하지만 이러한 평균적인 제품이나 서비스 생산만으로는 이제 대한민국이 더 이상 글로벌 시장에서 세계 최고의 국가 경쟁력을 갖기 어렵다. 미국, EU 등 선진국과의 경쟁은 물론 중국, 인도, 베트남 등과 같은 후발 주자도 우리를 맹렬히 추격하고 있다. 대한민국은 이런 국가들에 비해 인건비 수준이나 토지 비용 등이 너무 높아 국가 경쟁력을 많이 잃어가고 있다.

물론 대한민국의 국가 경쟁력을 떨어뜨리는 요소는 부지기수다. 바로 그렇기에, 우리가 혁신해야 할 과제도 수없이 많다. 여기서는 대한민국의 국가 경쟁력을 떨어뜨리는 두드러진 행태만 보기로 하자.

대한민국 국가 시스템 가운데 가장 큰 문제 중 하나는 '골고루 나눠 먹기'다. 골고루 나누어 주면 모든 사람에게는 좋다. 교육도 평준화해서 골고루 사람을 키운다. 연구개발비도 골고루 나누어 준다. 국책 연구원도 성과나 연구 수준 등은 상관하지 않고, 책정된 연구비를 누구든지 조금씩 나누어 받는다. 지역발전도 골고루 발전시킨다. 모든 지역마다 골고루 나누어준다. 국가 예산도 가능하면 골고루 나누어준다.

그러나 이런 방식으로는 글로벌 경쟁에서 국가 경쟁력을 갖추기 어렵다. 집중적으로 투자해도 어려운 판에 분산 투자해서 과연 더 큰 성과를 낼 수 있을까. 골고루 나누면 오히려 이른 시일 내에 성과가 날 수 있다고 믿는가. 이제는 선택과 집중을 해야 한다. 기술의 발전 속도가 너무 빠르다. 10년이 걸려 부지런히 개발한다고 해도, 완성되는 순간 쓸모 없는 기술이 된다.

물론 골고루 나누어 줄 분야가 없지 않을 것이다. 하지만 그것은 그것대로 분리해서 생각하면 된다. 문제는 그렇게 해서 글로벌 국가 경쟁력을 1등으로 만들지 못하면 어찌해야 하는가 하는 부분이다. 답은 의외로 간단명료하다. 과감한 아니, 무리하다 싶을 정도로 선택과 집중에 의한 초기술 격차 혁신을 감행하면 된다.

그런데 다른 문제점도 있다. 많은 분야에서 자기 이익에 반하면, 무조건 반대하는 분위기가 확산되어 있는 점이다. 국민 대다수는 의사결정 시 기준을 자기 자신의 이해에 맞춘다. 그리고 자신의 이익에 반하면, 대체로 부정적으로 인식하려는 경향이 많다. 상대방을 제대로 이해하려고 하지 않고, 상대방의 말을 들으려고도 하지 않는다. 심지어 상대방이 말을 시작하기도 전에 무조건 귀를 닫아버리는 일도 있다. 좋은 것도 올바로 보지 못하고 진정으로 들으려 하지 않는 것이 지금의 대한민국이 직면한 난제 중 난제다.

이러한 극단적인 이기주의와 비타협주의가 대한민국 정치, 경제, 사회 등 곳곳에 뿌리박혀 있다. 이를 혁신하지 않으면 대한민국이 발전할 수 없다. 국가 경쟁력을 세계 1등으로 만들 수 없다. 자신의 이익을 주장하는 것은 이해할 수는 있지만, 그 주장이 합리적인 범위 내에 있어야 한다.

상대방의 이야기를 청취하고, 상대방의 관점에서 고민하고 판단하는 자세가 필요하다. 그것이 진정한 소통문화다. 개인 이익에 다소 반하더라도 공익을 중시하는 민주시민 정신이 필요하다. 이런 교육은 유아, 초/중/고에서부터 가르쳐야 한다. 그래서 인성교육이 매우 중요하다. 다함께 더불어 사는 공동체에서의 삶의 윤리를 가르쳐야 한다.

또 다른 중대한 문제는 국익과 공익에 대한 소명 의식의 결여다. 모든 분야에 이런 고질적인 현상이 만연해 있는 것 같다. 그 중에서도 과거에 비해 공공부문에서조차 이런 현상이 극심한 것 같다.

국회의원의 직위는 국가와 국민의 이익을 대변하는 자리다. 그런데 지금, 국회의원직을 마치 하나의 직장으로 여기는 경향도 있는 것 같다. 국회의원직이 월급쟁이여서는 안 된다. 국가와 국민을 위해 봉사해야 하는 직이어야 한다. 국회의원은 국가발전에 도움이 되는 방향으로 정책을 입안하고 법안을 만들어야 할 때에는 당리당략을 초월해야 한다는 점을 간과해서는 안 된다.

공무원도 마찬가지다. 상대적으로 박봉에도 불구하고 국가발전을 위하여 열심히 일한다는 공무원의 자부심이 최근 들어 대폭 위축된 듯하다. 공무원을 일종의 봉급쟁이로 전락하게 해서는 안 된다. 공무원을 국민의 행복을 위해 일하게 해야 한다. 국익과 공익에 대한 강력한 소명 의식을 갖도록 해야 한다.

민간 부문도 다르지 않다. 민간도 국가발전과 국민 행복을 위하여 이바지해야 한다. 국가가 어떻게 되든지 나와는 상관없고, 나는 그저 돈만 잘 벌면 된다는 생각부터 바꾸어야 한다.

혁신 과제의 즉각적인
실행력 부족

지금 대한민국이 단군 이래 최고로 국운이 융성하는 데는 혁신해야 할 때 그 시기를 놓치지 않고 신속하게 혁신하고, 혁신을 실천해야 할 때 강력하게 실천한 실행력이 든든한 기반이 되어 얻어낸 성과였다.

대표적인 사례 중 하나는 1994년 대한민국 정부가 실행한 정보화 촉진전략 시행이다. 1992년 미국 앨 고어(Al Gore) 부통령이 정보 초고속도로(Information Super Highway) 건설 계획을 발표하였다. 일명 미국 전역의 광케이블망 구축 계획이었다.

그러자 불과 2년 뒤인 1994년 대한민국도 광케이블 건설 계획을 수립하여 전국적으로 추진하였다. 정보화촉진기금 42조를 서둘러 마련하는 등 당시 우리도 과감하게 광케이블 구축을 실행하는 신속한 정보화를 추진한 것이다. 그 결과 오늘날 대한민국이 세계 어느 나라보다 IT 분야에서 가장 앞선 정보화 선진국의 지위를 얻게 되었다.

당시 대한민국 정부가 광케이블을 설치한다고 했을 때, 국민 중 일부는 과거 경부고속도로 건설과 비교하면서, 너무 무리한 투자가 아닌지 의구심을 갖고 비난하기도 하였다. 정보화 초고속도로에 다닐 자동차(데이터)도 없는데 무슨 10차선 이상 도로를 건설한다는 것이냐며 비판하였다.

혁신적인 일에 깨어 있는 시각과 미래를 내다보는 예견을 갖추지 못하면, 선진적인 청사진을 그릴 수 없다. 온갖 비난에도 불구하고, 당시 대한민국 정부는 전국에 광케이블 구축을 과감하고 신속하게, 선제적으로 추진하였다. 바로 이런 결단성 있는 정책이 오늘날 대한민국을 정보화 부문에서 세계 최강 국가를 만들어냈다. 당시 일본은 광케이블이 아닌 구리선을 설치한다는 정책을 택했다. 돌이켜 보면 어떠한가. 그때 일본의 정책이 오늘의 일본 정보화 수준을 명쾌하게 보여주고 있지 않은가.

그러나 이러한 사례로 증명되는 강력하고 즉각적인 실행력이 최근 들어서는 매우 부족한 것 같다. 우리 앞에 다가오는 미래 사회는 과거보다 엄청나게 빠른 속도로 다가오고 있다는 데도 말이다. 그 대표적인 것이 바로 인공지능(AI: Artificial Intelligent)이다. AI를 기반으로 하는 국가와 사회는 우리 생활 곳곳마다 일상화되고 있다. 이것은 곧 국가 차원에서 AI에 대한 강력하고 즉각적인 투자가 대대적으로 이루어지지 않으면 안 된다는 시대적 경고다.

과거 국가/사회적 환경을 앞질러 예측하여 투자해야 할 재원이 부족한데도 광케이블 설치를 신속하게 추진한 것에 비하면, 지금의 AI 기반 구축에 대한 국가 차원의 투자는 너무 속도가 늦고, 많이 부족한 것 같다. 과감한 정책 결정과 강력한 정책 추진력이 그때와 비교해 지금은 많이 약해진 듯하다. 왜 그럴까.

혁신과 속도가 요구되는 AI 시대에 이렇게 주저주저해서는 골든타임을 놓칠 수 있다. 국가의 미래 먹거리가 되는 신산업 분야 등에는 과감하고 신속하게 투자해야 한다. 이런 결정에는 국가의 명운을 걸어야 한다. 바꾸어야 하는 혁신 과제가 있으면, 즉각적이고도 과감한 혁신을 단행하는 강력한 실행력이 그 어느 때보다 절실하다.

기회
요인

최근 통신과 기술, 항공 등의 발전으로 급속히 세계화, 글로벌화가 진행되고 있다. 그 결과 글로벌 경제가 곧 지구촌의 경제가 되었고, 모든 국가가 하나의 경제권으로 수렴되고 있다. 대한민국 경제도 글로벌 경제의 영향을 시시각각 전방위로 받고 있다. 최근 러시아와 우크라이나 전쟁으로 밀을 포함해 여러 곡물 가격이 올라감으로써 우리 식탁의 라면 가격도 덩달아 오르고 있다.

글로벌 경제와 글로벌 시장의 확대는 우리에게 엄청나게 큰 기회다. 대한민국은 국토 면적이나 인구수로만 보면, 글로벌 시장에서 매우 작은 편이다. 대한민국의 시장(약 5,000여만 명)도 극히 협소하다. 바로 그렇기에 우리는 글로벌 시장(약 80억 명)을 지향해야 한다. 거대한 글로벌 시장의 영향이 이제 우리와 나의 일이 되고 있다. 상황이 이렇다면, 이 글로벌 시장을 대한민국 경제의 안방으로 만들어야 한다.

대한민국은 디지털 부분에선 이미 세계 선두 국가다. 장차 인공지능(A.I.), 데이터(Data), 블록체인(Block Chain), 사물인터넷(IoT), 로봇 등 4차 산업혁명 기술이 우리의 일상을 지배한다는 이야기다. 디지털과 우리의 삶은 떼려야 뗄 수 없는 관계가 되었다.

특히 인공지능(AI)과 데이터가 결합한 AI 로봇 시대가 다가오고 있다. 디지털 경제에서 우위를 차지하고 있는 대한민국은 선택과 집중을 통해 이 분야의 글로벌 시장에서 패권을 잡아야 한다. 이미 잘 갖추어진 디지털과 IT 기반을 바탕으로 닥쳐오는 인공지능 시대가 대한민국으로서는 G1의 국가로 도약할 절호의 기회다.

전 지구적 차원의 세계화와
급속한 글로벌 시대

세계화, 글로벌화의 가속화가 우리에게 주는 의미는 크게 세 가지다.

첫째, '시장의 확대'다. 시장 규모만 놓고 봐도 국내 인구는 5,000만 명이지만, 세계는 80억 명이다. 국내 시장의 약 140배에 달한다. 중요한 기회 요인이다.

둘째, '경쟁의 심화'다. 달리 말하면, 이는 큰 위험 요인이다. 해외 진출로 수요자가 늘어나지만 전 세계의 수많은 공급자와 경쟁해야 한다. 소위 글로벌 거대 공룡기업(구글, 마이크로소프트, 애플 등)과도 경쟁해야 한다. 그만큼 글로벌 경쟁은 치열하고, 이들과의 경쟁에서 생존하기란 만만치 않다.

셋째, '양극화의 심화'다. 해외시장을 선점한 기업은 더 많은 투자와 M&A를 통해 기업의 덩치를 키운다. 그로 인해 신생기업이나 후발 주자의 시장 진입은 한층 더 어려워진다. 이는 단지 기업만의 문제를 넘어 국가 차원에서도 일어난다. 부유한 소수 국가와 빈곤한 절대다수 국가의 구조가 이렇게 해서 만들어진다. 전 세계 시장을 장악한 소수 기업과 국가가 엄청난 부를 누리게 된다.

거꾸로 이러한 경쟁에서 탈락한 다수의 기업은 공들여 만든 물건을 하나도 팔지 못하고 모두 도태될 것이 자명하다. 살아남은 1~2개 기업은 엄청난 이익을 누리고, 나머지 절대다수의 기업들은 문을 닫는 것으로 양분된다.

이런 양극화 추세는 앞으로 점점 더 확대될 것이다. 국내는 물론 세계석으로 양극화가 확대될 수밖에 없는 것은 바로 치열한 글로벌 경쟁 과정에서 나타나는 '승자독식의 경제' 때문이다.

세계화로 세계 1등에 역점을 두어야

　내수시장의 규모가 작은 대한민국의 한계를 고려하면, 지속적인 발전을 위해 반드시 해외시장으로의 진출이 불가피하다. 우선, 글로벌 경제를 이끌어갈 정부 거버넌스의 혁신이 필요하다. 둘째, 국내 모든 국가 시스템을 글로벌 1등을 목표로 총체적으로 혁신해야 한다. 교육·문화·기술개발·국가정책 부문에 글로벌 1등을 달성할 수 있도록 지금의 낡은 국가 시스템을 혁신해야 한다. 장차 얼마나 빨리 국가 시스템을 혁신하느냐, 글로벌 1등의 국가 경쟁력을 얼마나 확보하느냐에 따라 국가의 생존이 좌우될 것이다.

　다행히 대한민국은 디지털 시대에 기반이 되는 세계적인 IT 국가 시스템을 갖추고 있다. 선택과 집중 전략으로 이 시스템을 잘 운영하여 기대하는 성과를 얻어내면 된다. 글로벌 경제에서 세계 시장을 석권하면 무한한 기회(Winner takes All) 경제를 창출할 수 있다. 하지만 세계 시장을 선점하지 못하면 우리는 영원한 패자가 될 수밖에 없다.

　세계 최고의 국가 경쟁력을 확보하는 효과적인 방법은 무엇인가. 그 방법은 비교우위의 원칙에 따라 우리가 잘할 수 있는 분야에 특화하는 것이다. 그동안 우리의 정책 추진 방식을 과감히 뛰어넘는 혁신경제를 부르짖은 이유가 여기에 있다.

다만 유의할 점이 있다. 이런 혁신경제와 무한경쟁으로 인한 일부 부작용은 불가피할 수밖에 없다는 점이다. 가장 크게 우려되는 것은 소수의 승자와 다수의 패자로 나누는 양극화 현상이다. 그렇기 때문에 대한민국은 소수의 승자와 다수의 패자가 상생할 수 있는 상황을 고려한 전략하에서 혁신을 추진해야 한다. 성장 없는 복지와 복지 없는 성장은 고도의 전략적 사유 없이 해결하기 불가능하다.

모두가 함께 잘살 수 있는 묘책은 글로벌 1등의 성장 전략을 통해 얻은 어마어마한 소득으로 복지 정책을 시행하면 된다. 이것이 바로 국가발전과 국민 행복의 연계 전략이다. 사회 안전망을 확충하여 저소득자, 실직자 등을 배려하는 조치가 적극적으로 취해져야 혁신성장도 가능하다. 기본소득, 포용 성장 등에 대한 담론이 나날이 강조되는 것도 이와 같은 맥락이다.

또 다른 변화, 세계화 속의 블록화

최근 세계화라는 주류 흐름 속에서도 작은 균열들이 목격된다. 유례없는 코로나19 팬데믹 등의 영향으로 한동안 전 세계 국가들은 인적·물적 교류가 단절됨으로써 국가마다 소비·투자가 둔화되는 경제적 어려움을 크게 겪었다.

여기에 더해 미국과 중국 간 패권 갈등과 지역주의 현상으로

부분적인 블록화·탈세계화가 대두되면서, '글로벌 밸류체인'에도 갖가지 문제가 생겨났다. 이것은 곧 기존의 비교우위에 근거한 '글로벌 분업체계'가 지역·개별국가 단위의 '블록화 분업체계'로 급변했다는 증거다.

이는 전통적인 글로벌 비교우위 경제원칙이 붕괴하고, 국가안보, 환경 등 비경제적인 요인에 의해 경제 운영이 작동되고 있다는 것이다. 이제 핵심 부품이나 제품의 확보는 지역 또는 일국(一國) 단위가 아닌 지역 우선주의, 자국 중심주의가 점점 더 강력하게 대두될 것이다.

이른바 '경제와 안보의 긴밀한 연계 통합 현상'이 가속화되고 있다. 이처럼 글로벌화(Globalization)와 블록화(Localization)가 동시에 진행되는 글로컬(Glocalization) 현상은 우리로서는 또 다른 리스크다. 특히 대한민국은 국내에서 모든 원료나 자재를 확보할 수 없는 형편이다. 따라서 글로벌 1등 품목을 육성하기 위해서는 다국적 차원의 협력이 필수. 하지만 자국 중심주의가 팽배해 필수적인 품목·부품 등을 구하기 어려워지면, 우리로서는 세계 최고의 제품·업종을 만드는 일도 힘들어질 수밖에 없다. 따라서 우리는 글로벌 공급망의 변화에도 큰 관심을 두고, 적절한 대응책을 마련해야 한다.

디지털화와 IT 기반 기술 강국

　IT 기술의 진일보로 디지털화가 급속히 진행되고 있다. 스마트폰, 사물인터넷처럼 우리 생활을 편리하게 해주는 갖가지 기술도 우리 삶 깊숙이 자리 잡았다. 이런 디지털 사회를 구성하는 각종 요소 중에서도 가장 핵심은 인공지능, 데이터, 네트워크일 것이다.

　첫째, 디지털 사회의 정점에 이르면 그 주인공은 누가 뭐래도 인공지능(AI)일 것이다. 최근 인공지능은 우리의 일상과 접목되었다. 인간의 학습, 추론, 지각, 이해 능력을 컴퓨터 프로그램으로 실현한 인공지능 기술은 각종 데이터를 효율적으로 처리·연산할 수 있다. 이러한 능력 때문에 인공지능은 엄청난 부가가치를 창출하고 있고, 장차 우리의 경제·사회 전 분야를 획기적으로 변화시킬 것이다. 인공지능이 미칠 파급력은 인터넷과 스마트폰 때보다 훨씬 더 클 것이다. '인공지능 + 모든 일상생활'이 조만간 세계 경제를 이끌어 나갈 것으로 예측된다.

　둘째, 데이터는 디지털 경제에서 제2의 석유라고 할 정도로 중요하다. 디지털 사회는 정보화 시대를 의미한다. 정보의 중요성은 날이 갈수록 점점 더 커지고 있다. 데이터는 정보화 시대의 토대인 동시에 핵심이다.

　셋째, 네트워크다. 디지털 사회의 도로나 철도와 같은 역할을 한다. 인프라다. 축적된 데이터들을 서로 연결하고 융통시키는 중요한 기능을 한다. 이전의 네트워크는 단순히 유저(user) 간의 통신 및 전달 수단에 불과했다. 하지만 지금은 플랫폼 경제를 가능케 하는 핵심 인프라로서 갈수록 네트워크의 존재감은 커질 수밖에 없다. 멀리 갈 것도 없이, 단적인 예로 최근 발생한 사고 한 건만 봐도 충분하다. 2018년 아현동 통신구 화재 사고다. 이 사고로 해당 지역 일대의 통신이 완전히 마비되었고, 그 피해도 엄청났다는 것만 떠올려 봐도 알 수 있다.

　이러한 3대 요소는 장차 디지털 경제로의 급속한 전환을 이끌 것이고, 디지털화가 우리 삶에 차지하는 영역도 한층 더 확장될 것이다. 이외에도 블록체인 기술, 로봇 기술 등이 인공지능과 데이터 등과 결합하여 분명 우리 생활을 혁신할 것이다. 예상컨대 우리 일상 곳곳마다 AI 로봇이 자리하게 될 것이다.

　데이터의 원활한 소통을 위한 네트워크, 이를 바탕으로 한 AI 기술의 일상화에는 통신 인프라의 발달이 필수적으로 동반될 수밖에 없다. 특히 자율주행이나 사물인터넷 등을 구현하기 위해서는 속도 빠른 통신 기술은 절대적이다.

　다행히 대한민국은 5G를 세계 최초로 상용화한(2019년 4월 3일)

나라다. 다른 나라보다 우리는 앞선 경험을 이미 갖춘 만큼 축적된 정보를 적극적으로 활용할 필요가 있다. 기존의 각종 정보 데이터를 기계가 읽을 수 있는 데이터(Machine Readable Data) 경제로 과감하게 전환하는 것이 중요하다.

이를 통해 대한민국이 일종의 '데이터 댐' 등 확실한 AI 제품을 만들어낼 수 있다면, 상당한 국가 경쟁력을 확보하게 될 것이다. 통신기술 강국인 우리나라의 5G는 한 단계 도약을 위한 디딤돌이 될 수 있다. 그러나 만에 하나 이런 시의적절한 시기를 놓친다면 우리는 한순간에 글로벌 경쟁에서 뒤처질 수 있다. 오래전부터 거론된 AI 기술도 5G 기술을 통해 발전, 가능하다. 하지만 5G가 상용화된 지금도 여전히 많은 사람이 관념적으로만 AI를 말하고 있는 게 아닌지 의문스럽다. 시장 선점을 위해선 실제 사용할 수 있는 AI 활용 기술·제품을 만들어내야 한다.

최근 글로벌 대기업 삼성에서 휴대폰에 AI를 적용한 제품이 출시되어 시장에서 엄청난 인기를 누리고 있는 것만 봐도 AI 경제의 위력을 실감할 수 있다. 누구든 사용할 수 있는 AI를 만드는 가장 손쉬운 방법 중 하나는 우리에게 특화된 분야를 공략하는 것이다.

그 한 예로 대장암의 경우다. 대장암은 한국에서 가장 수술 성공률이 높고 임상 정보도 많다. 만약 이와 관련된 데이터를 활용하여 대장암을 진단하고 치료할 수 있는 대장암 진단 및 치료 관련 AI가 개발된다면 국내는 물론 해외에도 수많은 수요를 확보할 수 있다. 그로 인한 엄청난 소득도 창출할 수 있을 것이다.

그밖에도 이러한 노하우를 다각도로 활용한다면 다른 질병과 관련된 AI뿐만 아니라, 금융·법률·순찰 등 각종 분야에까지 AI의 여파가 파생되어 엄청난 부가가치를 창출할 수 있을 것이다. 이처럼 AI의 무한한 가능성을 고려할 때, 실기를 놓치지 않을 분명한 실체가 있는 AI를 하루빨리 제품으로 만들어내는 국가적 차원의 혁신과 노력이 필요하다.

대한민국을 대혁신, 대혁명하라

III

선도경제로

대혁신, 대혁명하라

글로벌 시장에 답이 있다

세계 1등의 제품과 서비스로 무장하라

이념은 필요 없다, 실사구시하라

시장의 실패와 극심한 양극화

많은 사람들이 거의 일상적으로 시장경제를 거론한다. 도대체 시장경제란 무엇인가? 그냥 시장에만 맡겨두는 것이 시장경제인가?

시장경제는 개별경제 주체들이 시장에서 서로 만나 자유경쟁에 의해 형성되는 가격을 주요 지표로 삼아 자유롭게 경제활동을 하는 경제체제로 정의된다. 과거 폐쇄경제 체제하에서는 시장경제 원리가 비교적 그런대로 잘 작동되었다. 동네 규모의 시장에서는 상인과 지역주민 간의 수요와 공급에 따라 가격이 형성될 수 있어서 시장 원리를 적용하기가 쉬웠다.

오늘날처럼 글로벌 경제 체제하에서는 시장경제가 세계적 차원에서 치열하게 경쟁하고 있다. 국경을 넘나드는 대량 공급과 국제 간의 경쟁 그리고 글로벌 빅테크 기업의 시장 독과점 등 광범위한 지역 간의 시장 분할과 가격 차별화 등이 시시각각 나타나고 있다. 글로벌 차원에서 시장의 실패가 만연하고 있는 것이다.

더 큰 문제는 시장의 실패에 따라 세계적인 양극화 현상이 더욱 심해지고 있다는 점이다.

시장경제의 실패

글로벌 시장에서는 거대 독점기업의 출현과 같은 독과점 현상이 예상을 초월해 등장하고 있어서 자유시장경제를 저해하는 일도 자주 일어난다. 그로 인해 동네의 작은 빵집이나 상점이 하루아침에 사라지고, 규모가 큰 유통기업이 동네 상권을 모두 석권하는 현상을 곳곳에서 볼 수 있다. 이런 현상이 보여주듯, 오늘날의 글로벌 시장에서는 자유시장경제에 맡겨두면 시장원리가 원활히 작동되기 어려워졌다.

과거 동네 단위로 형성되던 경쟁이 점점 지역으로 확장되다가 지금은 국가 경계를 넘어 전 세계적으로 확대되고 있다. 역설적인 것은 시장의 실패도 동네, 지역, 국가를 넘어 글로벌 차원으로 확대되는 전철을 밟고 있는 현상이다. 대기업이나 글로벌 기업이 작은 규모의 동네 시장에 침투함으로써, 소상공인은 가게 문을 닫지 않을 수 없는 상황이 늘어만 간다. 소규모 기업은 동네 시장에서조차 설 땅이 없다. 이에 따라 예전에 비해 글로벌 양극화 현상은 거의 보편적인 것처럼 안착되었다.

한국에 있는 세계 3~4위를 앞다투던 휴대폰 회사가 최근 사업을 접었다. 이런 현실에서는 세계적 순위 10등 기업은 생존 자체를 보장할 수 없는 시대가 되었다. 이런 현실을 직면하면서도 시장경제가 우수하다는 이유만 들어 무조건 자유시장경제에 맡겨만 둘 것인가? 지금은 치열한 국제간 경쟁으로 인해 전 세계적으로 1, 2위에 달하는 최고 경쟁력을 갖춘 거대 기업만이 글로벌 시장을 석권하고 있다. 이들이 글로벌 시장경제의 최종 승자가 되는 추세다.

극심한 양극화가 더 문제

'승자독식(Winner takes all)'이라는 말처럼, 승리한 소수가 전 세계 시장을 독점하고 가격을 통제하는 현상이 세계 곳곳에서 일어나고 있다. 많은 시장 참여자는 기존 시장에서 낙오하거나 생존이 어려워져 퇴출당하고 있다. 이런 실패한 시장 광경은 세계 곳곳에서 목격할 수 있다.

더 큰 문제는 극단적인 양극화다. 대다수의 시장 참여자는 생존하지 못하고 낙오한다. 따라서 이 세상은 세계적으로 어마어마한 부를 확보한 소수와 이전보다 더 어려워져 죽을 수밖에 없는 대다수 간의 양극화가 극심해진다.

따라서 더는 시장의 자율적인 가격조절 기능에만 맡겨두기 힘든 상황이 되었다. 시장경제에만 맡겨두면, '승자독식' 경제로 급속하게 전환될 수밖에 없다. 글로벌 양극화 현상은 시간이 지날수록 더욱 극심해질 수밖에 없다. 이런 급박한 시대적 상황에서 대한민국 경제를 자유시장경제에만 맡겨두고 지켜만 볼 것인가.

시장실패 보완과
정부의 역할

시장경제가 실패했다고 판단되면, 적극적인 보완 대책을 마련해야 한다. 기본적인 방향은 자유시장경제에 맡긴다고 하더라도 시장 실패가 확인되면, 이를 보완해야 할 책무는 정부에게 있다. 정부는 시장 메커니즘이 잘 작동되도록 시장경제 시스템을 보완하고 수정해야 한다.

시장에서 경쟁하다가 낙오한 사람들을 정부는 보살펴야 한다. 낙오한 그들 또한 최소한의 인간적 삶을 살도록 정부는 지원해야 한다. 시장에서 낙오한 국민도 행복한 삶을 살 수 있도록 해야 한다. 그렇지 않으면 국가와 사회는 존속될 수 없다. 시장에서 낙오한 대다수 사람을 정부가 보호하고 배려해야 하는 것은 바로 이런 이유에서다.

    물론 무분별하고 무조건적인 정부의 개입은 옳지 않다. 시장경제와 정부의 개입은 서로 조화로워야 한다. 두 정책의 조합(Policy Mix)이 제대로 성사될 때, 정책적 시너지는 극대화된다.

추격경제 시스템의 한계

최근 대한민국을 둘러싼 시대적 환경은 급속도로 달라졌다. 이제 대한민국 앞에는 더 이상 추격할 선진경제 대상국이 많지 않다. 세계 10대 경제강국, G7 국가 모임에 초청될 정도로 대한민국은 선진국으로 급부상했다. 그만큼 대한민국의 경제도 비약적으로 발전했다는 증거다. 오히려 역으로 세계 각국으로부터 추격받는 경제가 되었다. 대표적인 추격 국가는 중국, 인도, 베트남, 멕시코 같은 나라다.

이런 급변하는 세계적 현실은 무엇을 말하는가. 이제 과거 추격경제의 성장 패러다임이 더는 통하지 않는다. 우리는 이런 시대적 변화를 명확히 분석하고 새로운 지향점을 찾아야 한다. 그것은 지금의 대한민국 국정운영 체제, 즉 현재의 패러다임을 대혁신하라는 것이다. 신속 정확하게 혁신의 고삐를 거머쥐어야 한다. 그렇지 않으면 우리를 추격하는 국가들에게 제압당할 것이다. 우리에게는 주어진 시간이 많지 않다.

바로 이것이 우리가 처한 세계적 현실이다. 청년은 물론 중장년을 포함해 국민의 삶도 점점 어려워지고 있다. 이제 혁신경제를 강화하고 주식회사 대한민국 건설을 가속화해야 한다. 이를 통해 대한민국이 발전하고, 국민의 행복도 증진시켜야 할 때다.

청년층의 어려움

오늘날 대한민국 청년의 삶은 힘들고 어렵다. 코로나 19 이후, 세계는 미국-중국 간의 갈등, 러시아-우크라이나 전쟁 등으로 심각한 난관을 겪고 있다. 경제적으로 원자재 가격의 상승 등에 따라 생활물가가 치솟고 있는 데 반해, 개인소득은 늘어나기는커녕 오히려 갈수록 줄어드는 경우도 다반사다.

수도권이 아닌 지방일수록 상황은 더 심각하다. 어느 세대를 막론하고 하루하루 먹고살기조차 힘들어할 정도로 많은 국민이 생계를 걱정하며 고단한 삶을 버티고 있다. 하지만 이러한 위기가 닥치지 않았어도 한국 경제에게 예고된 전망은 암울할 수밖에 없었을 것이다. 시대적 상황과 사회적 환경이 급속하게 바뀌고 있기 때문이다.

여러 계층 중에서도 특히 청년층이 심각하다. 원대한 꿈을 품고 대학에 진학한 청년들, 졸업 후 사회로 진출해야 할 청년에게는 어떤 희망이 있을까! 아마도 현재 상황만 놓고 보면 별로 희망이 보이지 않는다고 생각하는 청년이 대부분일 듯하다. 졸업 후 제대로 된 직장을 가지려는 청년의 꿈도 점점 더 멀어지고 있다. 이런 악순환의 구조는 언제부턴가 사회적으로 누적되기 시작하였다.

청년들의 극심한 취업난의 여파는 어떻게 나타나는가. 청년에게는 결혼조차 꿈꿀 수 없게 만들고 있다. 또한 사회 전반에 출산율 저하와 인구 감소를 초래하고 있다. 그다음 단계로는 경제활동인구의 감소로 이어진다. 총수요 시간이 점점 더 감소하고 있다. 이런 현상들은 마침내 경제 위축이라는 결과를 낳았다. 그 여파로 생기는 경기 불황은 또다시 취업과 결혼을 어렵게 만드는 악순환의 고리가 되고 있다.

이러한 악순환은 무한 반복되면서 청년들을 좌절시킨다. 꿈까지 잃어버린 청년들의 앞길은 어둡기만 하다. 국가와 사회에 대한 분노와 한탕주의가 희망을 상실한 청년들의 삶을 대변하고 있다.

중장년층의 미래 불안

중장년층의 사정도 크게 다르지 않다. 이들에게는 자식 뒷바라지가 가장 큰 부담이다. 자녀를 좋은 학교에 진학시키는 데 치중하는 부모한테는 사교육비가 생활고를 겪게 만드는 주범이기도 하다.

전·월세살이로 전전하는 무주택 중년은 하루가 다르게 치솟는 부동산 가격 때문에 '내 집 마련'도 어려워져서 삶의 터전을 계속 옮기지 않으면 안 된다. 정년을 맞이하기도 전에 직장에서 명예퇴직·조기퇴직을 할 수밖에 없었다는 동료의 소식이 남의 얘기가 아니다. 중년의 현실도 막막하다. 이제 곧 정년을 앞두고 있다면, 이들 앞에는 어떤 희망이 기다리고 있겠는가.

갈수록 늘어나는 노인 빈곤율을 통해서도 알 수 있듯이, 정년을 지나 인생 2막을 살아야 할 장년·노년층의 어려움은 더 극심하다. 소득이 줄어든 노인들은 도로의 화단관리 같은 치유사업에 매달리고, 남들이 보기엔 허름한 '노인 일자리'라도 구하려면 새벽부터 길게 줄을 서야 하는 실정이다.

건강이 좋은 노인의 경우는 그나마 다행이다. 암 투병, 치매 등으로 고통받는 환자들의 상황은 더욱 심각하다. 입원비나 치료비는 물론 요양사나 간병인을 통해 돌봄을 받는 이들에게 금전적 부담이 매우 크다. 자식들은 바쁘다는 핑계로 찾아오지 않아 외로운 노년은 이중고로 힘든 나날을 보내고 있다.

추격경제에서 선도경제로

과거 추격경제에서는 대한민국의 정책 목표가 분명했다. 대한민국에는 없는 우수한 제품과 서비스가 세계 선진국 어딘가에 명확히 존재하고 있었기 때문이다. 어렵더라도 가서 찾기만 하면 손에 넣을 수 있는 시대였다. 우리는 이런 선진국의 제품과 서비스를 우리 손으로 재빨리 만들어 국내에서도 사용하고, 세계로도 수출하면 되었다. 밤새워 연구하고 부지런히 일하면 이런 목표를 달성할 수 있었다. 그런 과정을 겪으면서 우리는 이를 뛰어넘어 더 우수한 대한민국의 제품과 서비스도 만들어냈으니 얼마나 놀라운 일이었는가!

정부의 정책도 명확한 목표를 설정하고, 이를 달성하기 위해 총력을 기울였다. 열심히 기술을 개발하고 밤낮없이 일했다. 그 결과, 목표로 한 제품이나 서비스 개발에 성공했다. 안 되는 일이 거의 없던 시대였다. 이렇듯 추격경제에서는 대한민국이 '승자 중의 승자(winner of winners)'였다.

그런데 이제 대한민국은 추격경제 시스템으로는 승리할 수 없는 시대에 직면했다. 대한민국의 근로 임금은 너무 높고, 토지 비용도 부쩍 올랐다. 주어진 목표 하나만을 향해 주력해온 추격경제 시스템으로는 대한민국 경제 시스템을 더 이상 작동시키기 어려운 상황에 맞닥뜨렸다.

선도경제의 가장 큰 특징은 우리가 추격해야 할 목표가 불확실하다는 점이다. 이것은 곧 우리 스스로 본보기가 될 수 있는 것을 새롭게 창조해내지 않으면 안 된다는 것을 말한다. 지금까지 세상에 없는 제품과 서비스를 만들어내야 한다. 수준 높은 창의성과 대대적인 혁신이 절대적일 수밖에 없는 이유는 바로 여기에 있다. 이를 위해 우리는 선도경제에 맞는 대한민국만의 경제 시스템으로 대전환하지 않으면 안 된다.

이런 급변하는 상황을 감안하면 지금의 대한민국이 처한 현실은 어떠한가. 절박함을 느끼고 있는가. 시대 상황 인식이나 국가 혁신에 대한 비전이나 실행 능력을 갖추고 있는가. 모질게 들릴지 모르나 대한민국은 지금 안일하고, 부족하고, 미비하다. 슬로건뿐인 정책이 너무 많고, 성과라고 내놓을 것이 부족하다. 슬로건은 정책의 방향을 제시할 뿐이다. 슬로건만 난무하는 국가는 퇴보하기 마련이다. 슬로건에 부합하는 성과를 찾아내기도 힘들기 때문이다.

국가정책을 대거 발표하지만, 각각의 정책이 글로벌 시장과 시대적 변화에 맞는 혁신적인 정책인지 아닌지 명확한 인식이 없다. 그러니 구체적인 실행 또한 보이지 않는다. AI, 블록체인 같은 신산업 기술개발에 적지 않은 투자를 하더라도 우리의 정책은 AI, 블록체인 시대의 세계 시장을 선점하는 데 힘을 얻지 못하고 있다.

대한민국에는 도로 건설 등 글로벌 경쟁력과는 크게 상관없는 정책으로 성과를 거두려는 정책이 즐비하다. 이런 곳에만 치중해서는 대한민국의 미래가 없다. 어디에, 어떻게, 투자해야 하는지 눈을 크게 뜨고 정신을 차리자. 추격경제에서 만들어진 시스템을 아무런 고민 없이 그대로 답습하는 예도 많다. 글로벌 시대의 변화가 어떻게 일어나고 있는지조차 관심 없이 국가 시스템이 돌아가고 있다.

이제 우리는 정신을 차리고 앞으로 우리가 가야 할 지향점을 선도적으로 설정해야 한다. 이를 위해 국가 전반적인 시스템을 혁신경제에 맞도록 대대적으로 개조해야 한다. 지금 이대로라면, 우리 대한민국의 미래는 가도 가도 암울함뿐이고 희망도 찾기 힘들다.

선도경제로
대혁신,
대혁명하라

선도경제에서 한국의 경쟁국은 미국, 독일, 일본, 프랑스 등 세계 10개 선진국 정도에 불과하다. 이제 우리는 이들 선진국과 글로벌 시장에서 당당하게 경쟁해야 한다. 이런 글로벌 시장에서 승자가 되어야 한다. 너도나도 묻는다. 글로벌 시장에서의 생존은 쉽지 않은데 왜 굳이 글로벌 시장으로 진출해야 하느냐고. 우리끼리 대한민국 시장 내에서 서로 잘 지내면 되지 않겠느냐고. 아니다, 그렇지 않다.

 우물에 빠진 개구리가 쳐다보는 하늘은 우물의 폭과 넓이 정도다. 전체 하늘이 얼마나 크고, 시시각각 어떻게 바뀌는지는 우물 속 개구리로선 결코 알 수 없다. 기후변화로 가득한 하늘을 거시적인 차원으로 파악하려면, 무엇보다 먼저 그 하늘을 봐야 한다. 그럴 뿐 아니라 우물 밖 다른 주위 상황도 전체적으로 파악해야 알 수 있다.

우물 안 개구리처럼 대한민국 국내 시장에 안주하면 우리 시장이라도 영원히 지켜낼 수 있을까. 아니다, 이렇게 하다가는 국내 시장조차도 세계 글로벌 기업에게 내주게 된다. 그들이 국내로 들어와서 우리 경제를 죄다 차지하리라는 것은 누가 봐도 자명하다.

이제 우리는 명확히 인식해야 한다. 대한민국의 글로벌 국가 경쟁력이 확보되지 않으면 우리의 국내 시장조차 제대로 지킬 수 없다는 것을. 대한민국은 글로벌 시장에서 당당하게 경쟁하여 이겨야 한다. 대한민국의 국내 시장은 저출생을 포함해 추격경제 시스템에서 혁신하지 못한 여러 요인으로 인해 점점 더 축소될 것이다. 그래서 우리에겐 더 넓은 글로벌 시장, 전 세계 시장을 목표로 힘차고 자신 있게 나아가야 한다.

글로벌 시장에 답이 있다

다시 한번 명확히 주장한다. "대한민국 경제는 국내가 아닌 해외에 답이 있다!" 세계로 나가기 위해 다시 신발 끈을 동여매자. 위험이 따르고 어려움이 예상되더라도 우리는 글로벌 시장으로 진출해야 한다. 철저히 준비해서 진출하면 충분히 승산이 있다. 그 시작은 대한민국 스스로 자기 혁신의 정도에 달려 있고, 이를 구체적으로 실천할 때 대한민국의 미래가 펼쳐질 것이다.

그동안에도 대한민국 경제의 희망을 국내가 아닌 해외시장에서 찾아왔다. 수출정책이 바로 그것이다. 지난 날의 활기찬 수출 성공은 한국경제 성장에 상당히 이바지해 왔다. 글로벌 경제의 가속화로 우리의 수출시장은 더 확대되고 있다. 해외시장은 우리에게 더 많은 무한한 기회를 제공하고 있다.

일명 '신광개토 세계경영전략'을 범국가적으로 펼쳐야 한다. 전 세계에서 사용되는 상품과 서비스를 더 많이 개발해 세계 시장에서 팔아야 한다. 세계적인 그룹인 '방탄소년단(BTS)'의 사례가 입증하듯이, 글로벌 콘텐츠가 세계적으로 히트할 수 있다면 우리에게는 무한한 기회와 보상이 주어진다.

다만 해외시장으로의 진출은 동전의 양면이다. 기회 확대와 함께 위험도 크다. 장차 세계에서 1등 순위에 들지 못하면, 곧바로 패자(Loser)로 전락하거나 경쟁에서 낙오될 가능성도 매우 크다. 한때 핸드폰 업계의 선두주자였던 '노키아'의 사례가 본보기다. 그 노키아의 자리를 오늘의 '삼성'과 '애플'이 차지하고 있다. 따라서 해외시장으로의 진출 기회를 우리가 제대로, 그리고 계속해 유지할 수 있도록 글로벌 환경 변화에 기민하게 대응해야 한다.

기회는 준비된 자의 것이다. 그렇다고 해서 국내의 모든 역량을 해외시장 공략에만 무턱대고 투입하는 것은 합리적이지 않다. 자원을 국내와 해외에 효율적으로 배분해야 한다. 인적·물적 자원, 경쟁력을 갖춘 대기업은 확실한 미래의 먹거리를 찾아서 해외로 진출해야 하고, 해외시장을 새롭게 개척해야 한다. 세계 1등 상품을 확보하여 전 세계 시장을 공략해야 한다. 반면 여력이 다소 부족한 중소기업의 경우는 국내 시장에 전념하면서 먹거리를 확보하는 전략을 구사해야 한다.

세계 1등 제품과 서비스로 무장하라

글로벌 시장의 경쟁은 국내 시장보다 훨씬 더 치열하다. 세계 1등 제품과 서비스만이 살아남는 곳이다. 그러나 일단 세계 1등 제품과 서비스를 개발하여 세계 시장에서 사용되거나 팔리기 시작하면, 그 성과는 국내 시장보다 엄청난 부가가치를 얻을 수 있다. 단 1개라도 세계 1등 제품과 서비스를 만들어야 하는 이유는 여기에 있다. 요즘 어느 국가를 막론하고 자국의 국가 경쟁력은 그 나라가 만든 세계 1등 제품이나 서비스를 몇 개나 보유하고 있는가에 달려 있다.

현재 대한민국에는 세계 1등 제품이나 서비스가 몇 개 보유하고 있는가. 글로벌 1등 제품이나 서비스를 새로 창출하기 위해 국가적 역량을 총력 집중하고 있는가. 지금 국가정책은 묶음이 너무 크다. 너무 한꺼번에 묶여 있다. 게다가 구체적인 실천은 없고 슬로건적인 경향이 많다. 이제 더 이상의 슬로건은 필요 없다.

초혁신 기술을 목표로 다시 설정해야 한다. 초혁신 기술에 대한 R&D에 집중해야 한다. 일반적인 기술은 선도경제에서는 큰 성과를 내기 어렵다. 누구든 개발할 수 있어서 시간이 지나면 우월성을 갖기 어렵다. 일반적인 기술의 R&D로는 승산이 없다. 초혁신 기술을 대상으로 시장에서 작동되는 10(Ten)이 되는 R&D를 해야 한다.

이념은 필요 없다, 실사구시하라

지금의 대한민국에서 중요한 것은 '이념보다 실리'다. 대한민국 국민이면 누구든 체감하고 있는 사실은 국민의 먹고사는 문제다. 바로 그 해법은 이념이 아닌 실리라는 것을 깨달아야 한다.

하지만 우리 정치권은 그간 여와 야, 좌와 우로 나누어져 이념

논쟁만 해왔다고 국민으로부터 큰 비난을 받고 있다. 게다가 이런 상황이 시간이 지나도 달라질 조짐이 잘 안 보인다. 무상급식이나 재난지원금을 둘러싼 논쟁의 사례에서도 알 수 있듯이, 정치권은 무엇이 국익에 부합하는지에 대해 예민하고 실효성 있게 대응해야 한다.

국민에 대한 복지는 정치인에게 득표와 당선을 위한 손쉬운 수단이다. 선거철마다 반복되는 '포퓰리즘' 논란이 괜히 나오는 게 아니다. 정치권의 관심은 늘 제한된 빵을 나누는 것(복지)에 몰려 있고, 빵을 더 늘이는 것(성장)에 대한 담론은 뒷전이다.

이러한 정치권의 태도는 국익에 별로 도움이 안 된다. 빵의 크기를 늘이려는 노력도 없이, 빵의 배분에만 골몰하는 것은 자멸을 초래할 뿐이다. 물론 잡은 고기를 나눠주는 것도 필요하지만, 스스로 고기를 잡는 법도 동시에 알려줘야 한다. 그래서 성장의 중요성을 강조하지 않을 수 없다. 이념이 아닌 실리를 챙기는 방안과 실천을 두고 치열하게 논쟁해야 하는 이유도 여기서 나온다.

기본적으로 지금은 경제를 제대로 잘 알고 사심 없이 지식과 지혜를 쏟아내는 사람들이 절실히 필요한 시기다. 이러한 사람들이 나서야 경기가 살아나고, 국민의 먹고사는 문제도 나아질 수 있다. 그동안 한국의 지도자들은 경제도 잘 알지 못한 채 나라를 이끌어왔다. 그 결과 민생경제는 점점 더 어려워졌다.

아직 한국경제에는 희망이 남아있다. 무엇보다 유능한 우리 국민이 있어서다. 우리 국민의 위대함은 1970~1980년대 고도 성장기는 물론, 1990~2000년대의 2차례 경제위기(1997년 외환위기, 2007년 금융위기)를 극복하는 과정에서, 또 위기 때마다 드러났다. 우리 민족의 근면 성실함과 역동성과 같은 에너지를 묶어 승화시킬 수 있다면 우리 경제에도 희망은 있다.

빠르게 실천하라

문제는 실행이다. 그런데 그 실행을 어떻게 할 것인가. 현재 대한민국은 양극화의 나라다. 모든 것이 양극화되어 있다. 내 편, 네 편으로 양극화되어 있다. 가장 크게는 정치에서의 내 편, 네 편으로, 경제도 대기업과 중소기업으로, 사회도 빈부격차로 양극화되어 있다. 불행히도 모든 것이 양극화된 나라가 오늘의 대한민국이다.

이렇게 두고 볼 수는 없다. 하나의 대한민국, 통합의 대한민국을 만들어야 한다. 모든 일은 사람이 한다. 유능한 인재라면 누구든 등용해야 한다. 대한민국에는 인재가 부족하다. 그런데도 그 부족한 인력을 운영할 때도 내 편, 네 편으로 나눈다. 대한민국을 대혁신하려면 우선 내 편, 네 편의 구분부터 없애야 한다. 그래야 하나의 대한민국으로 통합시킬 수 있다. 이렇게 통합하려면 가장 핵심인 국익을 주된 판단 기준으로 삼으면 된다. 대한민국 국익에 도움이 되면 택하고, 대한민국 국익에 도움이 되지 않으면 물리면 된다.

국력을 모으고 하나 되어 바로 대한민국 대혁신을 실행해야 한다. 해답은 우리 모두가 있다. 이제는 실행이 중요하다. 좌고우면 할 필요가 없다. 성과가 날 확실한 정책을 선택하고, 유능한 인재를 널리 구해서 구체적인 성과를 내는 성과 지향의 국정을 운영해야 한다.

레볼루션 코리아 혁신전략
: 경제

IV

인공지능(AI) 경제 혁신

- 빛의 속도로 진화하는 인공지능 시대
- 전 국민의 AI 활용
- 전 국민에게 AI 교육을
- AI 관련 UN 기구를 유치하자

혁신

01

우리는 지금 인공지능(AI) 시대의 한가운데 살고 있다. 그러나 일반 국민은 이런 사실 자체는 알지만, 아직 체감하지 못하는 듯하다. 인류가 역사를 시작한 이래 2023년 4월까지를 "전 AI(Before AI) 시대"라고 한다면, 2023년 4월 이후부터는 "후 AI(After AI) 시대"라고 나는 과감히 명명하고 싶다. 역사 이래 그동안의 농업 혁명, 산업 혁명, IT 혁명 등 그 어떤 역사적인 혁명보다 강하고 빠르게 엄청난 영향을 미칠 것이다.

AI 이전 시대의 발전이 에스컬레이터를 타고 이동하는 수준이라면, 2023년 4월 이후의 AI 시대는 속도가 아주 빠른 엘리베이터를 타고 이동하는 수준으로 보면 된다. 앞으로 AI는 진행 속도 측면에서나 부가가치 측면에서 우리 인간의 삶에 미칠 영향력은 지금의 우리로선 상상도 하지 못할 정도가 될 것이다.

빛의 속도로 진화하는
인공지능 시대

인공지능(AI)이라는 용어는 1955년 8월 미국 다트머스 대학교에서 개최된 인공지능 및 정보처리 이론 관련 학회에서 존 매카시가 처음 사용하였다. 이후 인공지능에 관한 연구와 기술개발이 계속되고 있다.

인공지능이 대중의 주목을 받게 된 것은 2016년 구글 딥마인드가 바둑을 딥러닝 방식으로 인공지능화한 알파고(AlphaGo)가 사상 최초로 출현함으로써 촉발되었다. 이로써 인공지능이 인간의 능력을 추월할 수도 있다는 인식이 빠른 속도로 확산하였다.

2017년에는 구글 브레인(현 구글 딥마인드)이 오늘날 거대언어모델(LLM)의 토대가 된 구글 트랜스포머(Transformer) 이론을 개발했다. 게다가 구글이 트랜스포머를 오픈소스(Open Source)로 공유하면서 누구나 이를 이용한 거대언어모델 개발이 쉬워졌고, 이를 바탕으로 오픈(Open) AI 등 다수의 AI 기업들이 탄생했다. 2022년 하반기부터 빅테크 기업들이 클라우드 컴퓨팅을 기반으로 한

생성형 AI 개발 경쟁을 본격화하면서, 인공지능 역사상 대변혁이 시작되었다.

본격적인 인공지능 시대는 2023년 3월 미국의 마이크로소프트사가 챗GPT4를 출시하면서 열렸다고 봐야 한다. 전 세계 사람들이 본격적으로 일상생활에서 인공지능을 접하고 활용할 수 있게 되었기 때문이다. 이렇게 본다면, 본격적인 AI 시대는 이제 갓 한 돌도 지나지 않은 상황이다. 그런데도 월등하게 기능이 향상된 챗GPT4o가 나오는 등 무서울 정도로 진화 중이다.

앞으로 AI 시대의 미래는 어떻게 될 것인가? 한마디로 응축하면 '예측 불가'다. AI 시대는 그 발전 속도 면에서 우리 인류가 상상하기 힘들 정도의 속도로 변화할 것이다. 그 변화의 기울기는 45도, 60도의 각도가 아닌, 수직(90도)으로 곧장 치고 올라갈 것이다.

AI는 사람과 달리 뇌의 용량이 엄청나다. 한번 입력시켜 놓은 지식은 사람과 달리 결코 기억에서 지워지지 않는다. AI에게 입력한 데이터의 양이 많으면 많을수록 그만큼 더 똑똑해진다. 지금도 AI에게 제공되는 데이터의 양은 엄청난 속도로 증가하고 있다. 이제 AI가 생활 곳곳에 더 많이 들어오게 될 것이다. 모든 인간 생활에, 그리고 대다수의 사물에 AI가 적용될 것이다. 인간보다 더 많이 알고, 더 많이 인식하게 될 것이다. 능력이 무궁무진한 AI는 인간이 상상하는 것보다 훨씬 더 많은 도움을 줄 것이다.

그런데 피치 못할 걱정이 있다. 만약 인간이 AI를 나쁜 쪽으로 활용한다면 어떻게 되느냐는 것이다. 물론 AI를 좋은 방향(Good AI)으로 활용하는 예도 많지만, 나쁜 AI(Bad AI)가 세상을 지배할 가능성이 매우 크다. AI가 만들어내는 가짜 뉴스, AI 전투 드론 등 AI를 전쟁터의 살상용 무기로 사용, AI를 이용한 살인, AI를 이용한 금고털이 등 인간의 욕망을 채우는 데 사용될 가능성이 더 크다는 데 AI 개발자의 고민이 있다. 나쁜 AI가 생활 곳곳에 침투하는 것을 어떻게 막을 것인지가 중요하다.

따라서 AI 시대의 급속한 진전에 대비하여, 인류는 AI에 대한 등록(Legal ID 부여), AI 윤리 강화(착한 AI 교육) 등을 통해서, 좋은 AI가 많이 출생하도록 관리하고 통제하는 시스템의 구축이 필요하다. 나쁜 AI를 축출하는 시스템도 마련해야 한다. 누군가가 지적한다. AI가 너무 똑똑해지면, 인간이 자기를 제거하려는 것을 미리 알고, AI가 먼저 인류를 제거할 것이라고. 그래서 나쁜 AI를 축출하려는 인간의 노력은 물거품으로 돌아가 결국 인간이 AI에게 지배된다고.

이처럼 AI 시대는 인간에게 무시무시할 수 있다. AI는 과연 선이 될 것인가, 아니면 인류의 파멸을 촉진하는 독이 될 것인가. 그것은 인간이 어떻게 활용하느냐에 달려 있다. 이는 AI 윤리가 시급히 필요한 이유이기도 하다.

전 국민의 AI 활용

AI를 어떻게 볼 것인가. AI를 기술로만 볼 것인가, 아니면 다른 무엇으로 볼 것인가. 사람 대부분은 기술로 본다. 그래서 자기는 AI에 대해서 잘 모르고, AI 기술자가 하는 어려운 분야로 생각한다. AI를 과연 기술로만 볼 것인가. 아니다. AI의 알고리즘을 개발하고, AI의 원리를 설계하는 일 자체는 물론 고도의 전문 기술이다. 이는 AI 전문가가 맡아야 할 일이다.

그러나 잘 만들어진 AI를 잘 활용하는 일은 누구나 할 수 있어야 한다. AI는 우리 생활에 잘 접목해서 잘 활용하면, 엄청난 생산성의 향상, 시간 절약, 정보의 빠른 취득 등 인간에게 많은 부가가치를 제공해 준다. AI는 머리가 엄청나게 똑똑한 친구다. 이미 누군가가 만들어 놓은 AI를 어떻게 잘 활용하여, 내 생활을 편리하고 생산적으로 만들 것인지를 생각하면 된다.

AI + X는 누구나 해야 한다. 게다가 실제로 생활화해야 한다. 가령 AI + 글쓰기를 한다고 해 보자. 오래 함께 살아온 부인에게 쓰는 편지도 매우 감성적으로 나올 것이다. 계약서 초안도 AI를 활용할 수 있고, 보고서도 근사하게 작성할 수 있다. AI를 활용하여 작사, 작곡도 해 보고, 시도 써 보자. 가족사진과 동영상을 AI에게 제공하고, 스토리를 학습시켜 가족 영화도 만들어 보자.

AI에게 맡길 수 있는 모든 일을 먼저 AI에게 시켜보고, 그 결과를 가지고 자신의 의도에 맞게 창의적으로 수정, 보완하면 시간과 노력을 많이 줄일 수 있을 것이다. 역설적이지만 바로 그렇기에 우리 인간의 창의성, 창조적인 아이디어가 중요하다.

AI를 가장 잘 활용하는 사람이 승자가 되는 세상이 왔다. AI와 날마다 놀자. AI와 같이 생활하자. 지금 우리가 해야 할 AI 시대의 대응법은 AI의 활용을 극대화하는 데 있다.

대한민국이 굳이 AI 기술개발에 집중해야 한다면, 일반 인공지능(AGI : Artificial General Intelligence)보다는 특화된 인공지능을 개발하는 데 집중하자. 대한민국만의 독특한 정보를 활용하는 AI가 경쟁력이 있을 것이다. 일반 인공지능은 이미 앞서가는 챗GPT 등과의 경쟁에서 우위를 점하기가 매우 어려울 것이다.

AI의 사용을 일상화하여 챗GPT 등에 익숙해지면, 이러한 AI를 우리의 일상생활에 적용한다. 생활의 개선과 새로운 비즈니스 모델 창출 등에도 활용할 수 있다. 이것이 바로 'AI + X(일상생활 적용)'이다.

인공지능을 로봇에 적용하면 휴머노이드 로봇이 된다. 인공지능이 장착된 로봇은 마치 우리 인간처럼 작동할 것이다. 인공지능을 자동차에 적용하면 자율주행 자동차가 된다. 어디 이것뿐일까. 인공지능을 냉장고, 전봇대에 적용하고, 심지어 농기구에 적용하는 시대가 잇달아 올 것이다.

챗GPT를 활용한 새로운 작곡, 편곡을 할 수 있다. 정확하게 명령만 내리면, 생각하지 못한 곡이 나올 수 있다. 이것이 'AI + 음악'이다. 유명한 시조나 시의 내용을 AI에게 학습시키고, 이후 이를 그림으로 그려보라고 했다. 처음에는 마음에 들지 않았으나 몇 번에 걸쳐 수정, 보완을 명령하자, 아주 예상하지 못한 그림을 그렸다고 한다. 'AI + 시 + 그림'이다. 앞으로는 'AI + 컴퓨터' 하면 AI 컴퓨터가 나오게 될 것이다.

지금 인공지능은 우리 생활 곳곳에 이미 널리 구현되고 있다. 인공지능과 결합한 각종 제품과 서비스는 우리가 사는 세상을 완전히 다른 세상으로 바꿀 것이다. 모든 인간 생활과 사물에 AI를 적용하여 효율화하면 이 세상에 없던 새로운 제품이 나오게 될 것이다. 이럴 때 대한민국이 인공지능 시대와 함께하는 주인공 자리에서 소외되면 곤란하다.

전 국민에게 AI 교육을

모든 국민이 AI 활용 전사(戰士)가 되도록 어릴 적부터

AI 기술개발 교육은 물론 AI 활용 교육을 강화하자. 유아 또는 초중고 교육 과정에 AI 활용 방법에 대한 교육을 즉시 도입하자. 정부는 다양한 AI 활용법 교육프로그램을 개발하여 각급 학교에 공급해, 어릴 때부터 AI를 활용하는 생활이 습관처럼 일상이 되도록 하자.

문제는 AI 활용법을 교육할 강사다. 사실 AI를 제대로 교육할 강사진이 대한민국에 아직 많지 않다. 따라서 AI를 잘 활용하는 강사의 동영상을 전국 학교에 보급하면 부족한 강사 문제를 해결할 수 있다.

AI 교육을 강화하자고 하면, 으레 대학에 AI 학과나 AI 대학원 신규로 설치하자고 제안하는 사람이 많다. 물론 이런 방안은 AI에 대한 운영 알고리즘이나 기반이 되는 원리 등을 교육하는 과정으로서는 큰 의미가 있다. 이런 과정은 AI 전문 기술자, 프로그래머 등을 양성하는 과정으로 운영하면 유익할 수 있다.

그런데 좀 더 냉정하게 생각해 보자. 대학에 AI 학과를 설치한다고 하더라도, 변화하는 AI의 시장 기술 속도에 맞추어 때를 놓치지 않고 교육하기가 쉽지 않다. 대학에서 빠르게 변하는 AI 기술 발전 추세까지 커리큘럼이나 학과 개설 등에 반영된 기술 교육을 실제로 수행하기가 어렵다. 공교롭게도 시시각각 변하는 AI 속도는 우리가 인재를 양성할 때까지 결코 한가하게 기다려주지 않는다. 교육부의 설립 인가를 받아 대학이 AI 학과 개설을 준비하는 사이에 또 다른 새로운 AI 신기술이 등장할 수 있기 때문이다.

이런 상황을 감안하여 좀 더 적극적인 대응 방안을 제안한다. 바로 'AI 교육센터'다.

첫째, 기본적으로 AI 교육센터는 온라인 기반으로 운영한다. 외국의 최고 AI 전문가도 섭외하여 동영상 강의를 홈페이지에 올려둔다. 물론 번역기도 제공한다.

둘째, 서울을 비롯해 권역별 AI 관련 신기술 교육센터를 오프라인에 설치한다. 대학교 내에 설치할 수도 있고, 접근성이 좋은 시내 중심 지역에 설치할 수도 있다.

셋째, 지역 교육센터에서 대면 수업도 병행한다. 센터마다 수행한 강의 내용을 공유한다. 동영상 시청뿐 아니라 강의한 내용을 토론하는 장소로도 활용한다. AI 전문가를 지역 AI 교육센터에 다수 배치하여, 활발한 토론을 이끈다.

AI 교육센터는 전공과 상관없이 AI를 배우려는 모든 대학생, 사회인 등 누구든 참여할 수 있게 한다. 교육 이후 단계별 AI 자격시험제도를 둬서 합격하면, 국가 공인 AI 자격증을 수여한다. 이러한 강의와 토론 등을 통하여, AI를 활용한 새로운 비즈니스 모델을 고안하는 등의 벤처창업도 장려한다. AI 관련 기업인의 참여도 유도한다. 정부에서는 AI 관련 새로운 창업 아이디어나 비즈니스 모델을 공모하여, 우수 비즈니스 아이디어에 대해서는 정부 자금 중에서 창업 자금을 우선적으로 지원한다.

AI 교육센터를 통해 단기 속성, 즉시 실행방법 교육을 추진하면서, 중장기적으로는 대학의 정규학과, 대학원 등을 신설 운영하여 체계적인 교육을 하는 방안도 병행 추진하면 좋을 것이다. 이런 방법을 사용하지 않고서는 AI 관련 신기술의 변화 속도에 맞추어 발 빠른 교육을 할 수 없다.

AI 관련 UN 기구를 유치하자

앞으로의 관건은 AI가 인류에게 미칠 부정적인 영향을 얼마나 잘 관리하고 통제하느냐에 달려 있다. 그런데 인류가 AI가 가져올 나쁜, 부정적인 영향에 대하여 UN 등을 중심으로 국제적인 논의가 아직은 제대로 이루어지지 않고 있다.

인류는 AI가 장차 우리 인류에게 재앙이 되지 않도록 하려면, 자신을 파멸할 나쁜(Bad) AI의 탄생(제조)을 사전에 막을 수 있는 국제적인 기준을 만들어야 한다. 즉 세계 모는 국가 사람늘이 공감하는 가이드라인 등을 미리 만들어 모든 국가 그리고 모든 사람들이 준수하도록 강제해야 한다. 그렇지 않으면, 나쁜 AI의 탄생을 사전에 막기란 도저히 불가능하다.

따라서 UN을 중심으로 나쁜 AI의 탄생을 막는 AI 시대 윤리를 UN 헌장으로 제정해야 한다. 그래서 인류에게 좋은 AI만 탄생하도록 유도해야 한다. 그렇지 않으면, 나쁜 AI에 의하여 인간이 파멸될 수 있다. 인간의 본성상 선한 AI보다는 나쁜 AI를 만들어 개인 이익을 위해 악용할 가능성이 매우 크기 때문이다.

대한민국이 앞으로 닥쳐올 AI 시대의 미래를 예측하고, AI 시대가 인류에게 가져올 나쁜 영향을 최소화하면서, AI가 인류에게 좋은 방향으로 활용되도록 관리, 통제하는 데 앞장서야 한다.

대한민국은 AI 시대의 기초가 되는 IT 인프라가 가장 잘 준비된 나라다. AI 관련 UN 기구를 한국에 유치하여, AI 시대를 한국이 주도하자. AI 시대는 대한민국에 새로운 성장의 돌파구요, 대한민국의 나아갈 길이다.

초혁신경제 혁명

초혁신경제의 실천
신산업 혁신
공공 R&D 혁신
벤처창업 혁신
대기업-중소기업 상생 전략

혁신

02

혁신경제의 방향은 글로벌 시장이다. 글로벌 또는 세계적으로 현재 사용 중이거나 필요한 품목, 서비스를 대상으로 하면 전 세계로 시장은 확대된다. 이런 차원으로 시장 경쟁력을 갖춘다면 큰 수익을 창출할 기회 또한 생겨난다.

  모두가 알다시피 인공지능(AI), 데이터, 블록체인 등 디지털 분야와 기후환경/저탄소 분야는 세계 경제의 미래가 달린 핵심 분야다. 대한민국이 이 분야의 미래 변화상을 예측하여 선제적으로 글로벌 시대의 문제를 해결하면 혁신경제가 가능하다. 국내적으로는 저출생/고령화가 커다란 사회적 이슈가 되고 있어서 이 두 가지 문제를 해결할 정책이나 사업 방향을 선점한다면, 이것 역시 미래 먹거리가 될 것이다.

초혁신경제의 실천

해당 분야의 핵심(Kingpin)을 명확히 찾아내고, 그 핵심을 타겟팅 하는 집중적인 전략이 가장 중요하다. 여기서는 아주 구체적인 아이템이 필요하다. 예를 들어, 디지털 경제의 핵심 같은 것이다. 사람들은 각자 서로 다른 것을 핵심 분야로 거론하겠지만, 디지털 경제에서는 누가 뭐래도 인공지능(뇌), 센서(눈), 로봇(몸체), 블록체인(보안) 등이 가장 중요하다.

모든 사물마다 눈과 같은 역할을 하는 '센서'를 사람의 눈과 같은 수준으로 개발하면 어떻게 될까. 그러면 사물도 사람의 눈처럼 센서를 갖게 될 것이다. 나아가 이 사물도 모든 정보를 사람의 눈처럼 보고 인식할 수 있다. 이것이 AI로 연계되면 모든 사물도 생명력을 갖게 될 것이다.

모든 역량을 집중하여 사람의 눈과 같은 수준의 변별력을 갖춘 세계 최고의 센서를 개발한다면, 그것 하나로 대한민국은 먹고 살 수 있을 것이다. 모든 사물에 꼭 필요한 센서를 생산하여 전 세계 모든 사물에 적용하면, 그 수요는 폭발적으로 늘어날 뿐 아니라 결국 이에 따라 엄청난 부가가치가 창출될 것이다.

이런 핵심은 앞서 살펴본 AI에도 물론 가능하다. 센서로 인식한 정보가 뇌의 역할을 하는 인공지능을 통하여 사고할 수 있으면, 이 또한 전 세계 모든 사물에 적용할 수 있다. 그 수요 또한 폭발적으로 증가할 것이다. 따라서 지금 우리에게는 센서나 AI 등과 같은 구체적인 아이템(Kingpin)을 선정하여 세계 1등 수준의 기술개발을 하는 것이 필요하다. 이러한 품목 하나만으로도 대한민국은 전 세계 수요를 확보할 수 있고 엄청난 부가가치를 얻을 수 있을 것이다.

핵심 목표의 구현에 선택과 집중

핵심 아이템에 대한 기술개발은 이전과는 방식을 달리해야 한다. 또한 강도 높은 선택과 집중이 필요하다. 국가 역량을 총집중시켜 과단성 있게 개발해야 한다. 또한 핵심 아이템에 대한 기술개발을 제대로 추진하기 위해서는 국내 관련 기술을 갖춘 최고 전문가팀을 구성한다. 가용한 모든 인력과 재원을 과감하게 투입해 팀을 구성하고, 제대로 된 성과를 얻기 위해 전력투구해야 한다.

현재 수행되는 계약방식도 혁신해야 한다. 입찰공고 등 전통적인 공개경쟁 입찰방식은 지양한다. 대한민국에서 가장 잘할 수 있는 전문 인력으로 구성된 이 팀에게 수의계약으로 일을 맡겨야 한다. 이런 수준의 최첨단 기술개발을 그동안 우리 독자적으로 추진한 적이 없기 때문이다. 따라서 기존의 전통적인 계약방식으로 접근해선 안 된다. 대한민국은 물론 전 세계에서 가장 우수한 인재들을 불러 모아 혁신적인 연구단을 구성하고, 이 연구단이 일에 전념할 수 있도록 수의계약으로 연구하게 해야 한다. 특히 공개경쟁 방식으로 연구팀을 분리시키면 안 된다.

전 세계를 상대로 어떤 기술을 개발해서 상용화하려면, 기술수준(TRL: Technology Readiness Level) 기준으로 10(Ten)이 되는 기술을 갖추어야 시장에서 작동된다. TRL 10 기준에서 단 0.1만 부족한 9.9가 된다고 하더라도 작동되지 않는다. 작동되지 않는 9.9의 기술은 결국 고장 난 벽시계를 양산하는 격이다. 세계 시장에서 작동되는 기술, 즉 TRL 기준 10이 되는 기술개발을 목표로 해야 하는 이유는 여기에 있다.

결론적으로 말해, 혁신경제가 성공하려면 현재 지구상에는 없지만 세계가 필요로 하는 1등 혁신 제품/서비스(End Product)로 목표(Kingpin)를 정해야 한다(대상, 분야). 그리고 이를 개발하는 데 필요한 모든 역량, 재원, 인력 등을 총투입해야 한다(선택과 집중). 이를 위해 혁신 기술을 토대로 세계 최고 수준의 산출물을 만들어내는 방식(성과, 목표 달성)으로 접근해야 한다.

예를 들어 반도체 시장에서 절대로 간과할 수 없는 것 중 하나인 불화수소를 최종 산출물 즉 핵심목표(Kingpin)로 설정했다면, 이를 생산하는 데 필요한 모든 역량을 집중하여 세계 1등 불화수소를 생산하자는 것이다.

초혁신경제 시스템의 방향

현재 대한민국의 초혁신경제 시스템은 이런 수준과 방식으로 작동되지 않은 듯하다. 우선 경제정책의 목표가 너무 추상적이다. 지금의 각종 경제정책은 여러 정책이 서로 묶여 있고 부피가 너무 크다.

'바이오 활성화 대책'같은 정책이 하나의 예다. 사실 이 묶음은 너무 크다 보니, 그 안에 작은 정책 아이템들이 너무 많이 들어가 있다. 그로 인해 세부 정책들의 깊이가 얕아진다. 깊이가 얕아지니, 제대로 성과를 내기도 어렵다. 체계적으로 분석하고 첨단 기술력을 갖춘 국가들의 기술 동향을 심도 있게 파악하되, 전 세계 시장을 상대로 내놓아야 할 기술을 몇 마디로 뭉뚱그려 대충 정책 방향만 정하고 있는데 깊이 있는 성과가 나올 리 있겠는가.

그렇다면 어떻게 해야 하는가, 답은 간단하다. 기존의 사고를 혁파하여 과감히 아이템 방식으로 목표를 재설정하는 것이다. 예를 들어, 정부의 추진 정책을 '바이오 활성화 대책'이 아니라 'mRNA백신 개발'로 선정했다고 하자. 이렇게 정책 방향을 바꾸면 mRNA 백신 개발을 위한 세부 정책이 응당 수립되지 않을 수 없다. 이렇듯 목표가 명확하고 뚜렷하니, 이를 실행하기 위한 구체적인 정책도 나올 수 밖에 없다. 이처럼 아이템 방식으로 정책 목표를 구체적으로 설정해야 성과 창출이 가능하다.

그다음으로 해야 일은 수립된 목표 달성을 위한 인력, 자원 등의 총동원이다. 마지막으로 유념해야 할 사항도 있다. 결코 실패를 두려워하면 안 된다는 점이다. 세계 최첨단 기술, 이 세상에 없는 기술, 세계 1등 기술이 어떻게 하루아침에 뚝딱 개발될 수 있겠는가. 물론 혁신경제일수록 성과를 내기 쉽지 않다. 어렵고 힘들기 때문에 그만큼 도전의 의미와 가치도 있다. 그러므로 실패를 두려워하지 않는, 꺾이지 않는 연구 의지가 필요하다.

신산업 혁신

대한민국의 경제 혁신을 위해서는 먼저 미래가 어떻게 변화할 것인가를 미리 간파하고 사전 준비를 철저히 한다. 2000년 들어서자마자 애플이 신개념의 스마트 휴대폰을 출시했을 때, 지금의 세상을 이렇게 바꿔놓을지 그 누가 상상이나 했겠는가. 그런데 지금은 스마트폰이 없는 세상은 상상하기 힘든 시대가 되었다. 게다가 그다음 세상은 또 어떤 새로운 세상이 될 것인지 궁금하다.

바이오, 데이터, 우주 등

미래 산업 분야를 앞질러 주시하면, 무엇보다도 먼저 사람 + 디지털이 적용되는 시기가 올 것이다. 예컨대 사람 머리에 디지털 칩(Chip)을 장착시켜 지능을 매우 뛰어나게 만들 것이다. 심지어는 단순한 장착이 아니라 사람 머리에 지식을 주입하는 세상까지 예상된다. 사람의 머리(Brain) + 컴퓨터(Computer) + 접속(Interface)하는 BCI 시기가 도고 있다. 이를 통해 인간의 장애까지 극복하는 시대가 열릴 것이다. 인간 + 바이오(Bio)가 결합한 완전한 장기 복제 등을 통해 위암, 대장암, 간암 같은 불치의 암을 극복하는 날도 올 것이다.

스마트폰 개발과 상용화 이후의 세계는 인공지능(AI) 세상이 될 것이라는 주장이 지배적이라는 것은 앞서 살펴보았다. 인공지능의 지능을 고도화하는 데는 데이터가 매우 중요하다. 질 좋고 양이 풍부한 데이터가 관건이다. 세계 선진국들은 서로 나서서 질 좋은 데이터 확보 경쟁에 뛰어들었다.

질 좋은 데이터는 곧 새로운 형태의 자원(돈)이다. 데이터를 사용하려면 큰 비용(돈)을 지출해야 하는 세상이 급속히 다가오고 있다. 조만간 개인 데이터가 거래될 것이다. 현재 무료로 무제한 데이터를 사용하는 챗GPT도 조만간 데이터 소유자에게 막대한 비용을 내야 할 것이다. 디지털 데이터를 미리미리 축적하고 확보해

야 한다. '데이터가 곧 돈이다.'

이 외에도 우주 공간의 활용, 항공 / 드론, UAM, 초음속 비행기 등 이동 수단(Mobility) 혁신 / 양자 컴퓨팅, 초전도체 / 그린 수소, 태양광 등 신재생 에너지와 이차전지 / 블록체인, 디지털 화폐 / 센서 / 메타버스, 로봇 등이 우리가 맞이할 미래 신산업 분야다.

세계 1등으로 나아가기

이렇듯 우리는 구체적인 미래 신산업 품목을 혁신적인 목표로 설정해야 한다. 센서, 그린 수소, 태양광 유리 등과 같이 설정 목표가 구체적이고 명확해야 한다. 대한민국이 앞장서서 세상을 새롭게 바꿀 10대 신산업 혁신 품목을 설정하자. 그다음은 이러한 혁신 품목을 대한민국이 세계 1등 제품으로 개발하기 위해 국가적 역량을 모두 집중하자. 이것이 국가의 역할이다.

새로운 세상을 이끌 혁신 제품 생산을 위해 기존의 각종 규제를 모두 제거해야 한다. 기존의 전통 방식에 묶인 예비타당성 조사도 과감히 면제해 주자. 글로벌 시장에 발맞춰 세계적인 혁신 상품을 고안하고 창출하는 사업에 급속한 변화의 시기를 놓치면 곤란하다. 새로운 혁신 사업의 미래를 미리 조사한다고 하더라도 과연 누가 예비타당성을 조사할 수 있겠는가? 혁신 품목을 목표로 설정하고 이를 달성하는 데 모든 노력을 기울여야 할 때다.

혁신 품목별로 연구사업단을 만들자. 대한민국 또는 전 세계에서 최고의 전문가를 불러 모아 수준 높은 연구를 시작하자. 혁신 연구를 제대로 활기차게 수행할 수 있도록 행정지원 업무는 전담팀을 구성하여, 전문가가 연구에만 집중하게 체계적으로 지원하자.

혁신적인 연구 성과에 대한 최고의 인센티브도 부여하자. 노력과 성과에는 반드시 보상이 뒤따라야 한다. 열심히 연구한 데 따른 보상에 인색하지 말자. 연구 과정에 수반되는 각종 조달도 경쟁 입찰을 과감히 면제하자. 연구사업단을 구성하고 소요 예산을 중간 단계를 거치지 않고 곧바로 지원하자. 그런 후 연구사업단의 연구 결과로 엄격히 판단하자.

필요한 예산도 충분히 지원하자. 돈이 없어 연구하지 못한다는 소리가 나오지 않도록 과감히 지원하자. 연구에 최선을 다했다면, 실패하더라도 책임을 묻지 말아야 한다. 전례가 없는 연구는 실패와 성공의 연속이다. 단기적 실패에도 불구하고 미래지향적으로 평가하여 계속 연구할 가치가 있다고 판단되면, 계속 지원하자. 세계적 수준의 혁신 연구는 단 한 번에 이뤄질 수 없다. 대폭적인 지원을 통해 대한민국이 세계에서 가장 먼저 글로벌 시장에서 모두가 선호하는 세계 최고의 제품과 서비스를 만들어내자.

공공 R&D 혁신

한국의 R&D 투자는 세계 상위권이다. 그중 정부 R&D 예산 규모만 보면, 최근 들어 급속히 증가해왔다. (2019) 19.5조 원 → (2020) 23.1조 원 → (2021) 26.1조 원 → (2022) 28.4조 원 → (2023) 29.3조 원이다. 2024년에는 일부 줄긴 했어도 적지 않은 규모다. 그런데 정부 R&D 예산의 투입 성과는 어떠한가. 무슨 성과가 있었는지 의문을 제기하는 사람들도 많다.

R&D 예산 외에도 R&D 성격의 대학지원 예산(7.3조 원), KAIST, UNIST 등 과학기술계 대학지원 예산도 많다. 이런 곳의 지원 예산의 성과는 어떠한가. 과거에는 정부 R&D 예산을 통해 한국형 전전자 교환기(TDX:Time Division Exchange), CDMA(Code Division Multiple Access) 등 시대를 아우르는 기술이 개발되었다. 그러나 최근 들어 정부 R&D로 이런 수준의 성과를 냈다는 기사는 보이지 않는다.

R&D 예산, 대학지원 예산 등은 분명한 성과가 날 수 있도록 집행해야 한다. 인건비, 관리비 같은 예산은 어쩔 수 없겠지만, 적어도 연구 예산은 기대성과를 충족할 수 있도록 집행해야 한다. 세계 최고의 아이템을 최종 산출물(End Product)의 목표로 정하고, 이를 달성하는 데 필요한 연구를 할 수 있도록 충분히 지원한다.

분야별 연구가 성공적이면 세계 최고의 산출물이 생산될 것이고, 그렇게 되면 전 세계로 수출길이 열려 큰 수익을 낼 수 있다. 그 결과는 또다시 재투자되는 선순환 구조를 가져올 수 있다. 이런 선순환 구조가 되려면, 현재 소규모로 다양하게 지원되는 많은 종류의 연구 예산을 과감히 혁신할 필요가 있다.

정부와 출연 연구기관의 R&D 예산 혁신

전체 정부 R&D 예산을 크게 나누어 거대 혁신 R&D에는 전체의 10%를, 기초 R&D에는 30%를, 중소기업 지원 등 상용 R&D에는 30%를, 응용 R&D에는 30%를 각각 배분하면 어떨까. 각각의 분야에서도 성과가 날 수 있도록 선택과 집중 차원에서 연구비를 배분해야 한다.

각자 조금씩 나눈 연구비로 오랜 시간이 걸리는 연구로는 그 연구가 성공하더라도 기대하는 효과를 거둘 수 있는 시대는 지났다. 미래를 투시하며 선정한 아이템으로 연구 목표를 확실히 정하고, 이 연구의 성과를 단기간에 확실히 낼 수 있도록 연구비를 과감히 배분해야 한다.

현재 경제인문사회계 출연기관(24개), 과학기술계 출연 연구기관(25개)에 배분되는 R&D 예산의 연구비도 마찬가지다. 이들 연구비로 어떤 성과를 얼마나 내고 있는가. 어떤 연구를 했고, 그 연구를 통해 국가와 국민에게 얼마나 도움을 주고 있는가. 이제 우리는 출연 연구기관에 대한 연구비 지원 대비 성과를 총체적으로 검증해서, 연구비 지원의 획기적인 혁신 대책을 다시 세워야 한다.

또 다른 제안도 하겠다. 우선 국가 전체 연구비를 세 등분한다. ① 기초 연구 ② 미래지향 연구 ③ 국민에게 당장 도움 되는 실용 연구다. 그리고 각각 연구비의 1/3씩을 배분해서 지원하는 방안이다. 특히 이 가운데 실용 연구는 당장 국민에게 도움 되는 연구여서 단기적 성과를 내면, 연구비를 지원하는 국민으로부터 많은 지지를 받을 것이다.

그러나 기초 연구의 경우는 사정이 다르다. 연구기관의 존재 이유가 되는 기본적인 연구나 조직의 토대가 되는 연구를 꾸준히 수행하게 하면 된다. 마지막 1/3의 예산을 지원하는 미래지향적인 분야 또는 도전적인 분야는 장차 우리나라가 지향해야 할 미래 비전을 제시할 수 있도록 하면 된다. 물론 연구비의 비율이나 적용 분야 등에 대해서는 좀 더 세세한 논의와 현실적인 방안이 필요하다.

과학기술전문대학의 R&D예산 혁신

KAIST, UNIST 등 국내 과학기술전문대학은 대전, 대구, 울산, 광주 등에 위치한다. 이들 대학은 교육부로부터 예산을 지원받지 않고, 과학기술정보통신부가 직접 예산을 편성하여 지원한다.

이렇게 지원하는 데는 이유가 있다. 하나는 이들 교육기관은 과학기술 전문교육기관이라는 독립성을 가졌다는 점 때문이다. 다른 하나는 기술 분야의 전문성을 갖춘 과학기술정보통신부를 통하여 지원하는 것이 국가 과학기술 개발과 발전에 더 효율적이라는 점 때문이다. 물론 지원되는 예산의 출처는 달라도 이들 과학기술 전문교육기관도 성과 달성과 목표 지향적인 연구를 수행해야 한다.

더욱이 그 성과와 목표는 최종 산출물을 기준으로 철저하게 설정해야 한다. 예컨대 간암 AI, 불화수소 등 최종 산출물을 목표로 정했다면, 이들 교육기관은 이를 실제로 구현하는 데 필요한 연구를 반드시 수행해야 한다.

R&D와 관련된 조달 혁신

R&D 혁신과 관련된 조달제도를 현실과 미래 상황을 선제적으로 판단하여 혁신해야 한다. R&D 과제 중 미래지향적이고 도전적인 과제는 현재의 경쟁 입찰 방식으로는 큰 성과를 낼 수 없다. 미래지향적이고 도전적인 분야의 연구는 우리가 지금까지 해 본 적이 거의 없는 최첨단 연구일 때가 많기 때문이다. 따라

서 경쟁 입찰을 하게 되면 가뜩이나 연구 인력이 부족한 판에 오히려 연구 역량만 분산시키는 결과를 초래한다.

이런 연구가 성공하려면, 무엇보다 출중한 인재가 필요하다. 한국의 경계를 넘어 전 세계적으로 유명한 최고 전문가 중심으로 연구팀을 구성한다고 하더라도 성공을 장담하기 어렵다. 이런 현실적 여건을 감안하면, 현행 조달방식인 경쟁 입찰을 통해서는 기대하는 연구 성과를 성공적으로 내기가 더욱 어렵다.

그렇기 때문에 국내외를 아우르는 최고의 전문가로 연구팀을 구성하고, 이 연구팀과 수의계약을 해야 한다. 그동안 우리가 경험하지 못한 도전적인 과제일수록 국가의 총역량을 투입해도 기대하는 연구 성과를 내기 힘들다. 실제 사정이 이러한데 어떻게 연구 인력을 분산시키는 경쟁 입찰 방식으로 계약해서 연구 성과를 낼 수 있겠는가.

성과 평가 방식과 연구비 집행 혁신

세계적인 연구 경험이 있거나 곁에서 그 과정을 지켜본 사람이면 잘 알 것이다. 실제 제품이 나오기까지는 0.1%만 부족해도 안 된다는 것을. 해당 분야의 특허를 낼 수 있을 정도로 목표를 수립하여 목표대로 연구되었다고 해서 그 자체가 성공일 수 없다.

그 연구 결과가 적용된 최종 산출물이 생산되어야 비로소 성공한 것이다. 실제로 기계 등에 적용되는 부품과 같은 역할을 제대로 수행할 수 있을 때, 성과를 인정받을 수 있다. 따라서 R&D도 10(Ten)인 연구가 되어야 한다. 앞서 누누이 언급했듯이 TRL 기준으로 9.9가 되어도 작동되지 않기 때문이다.

인건비, 연구 관리비를 제외한 제작비 같은 실제 연구에 드는 경비를 너무 엄격하게 통제하면 곤란하다. 이 부분을 너무 통제하면, 실무자가 연구 경비 정산에 매달려 연구에 전념하기가 어렵다. 이렇게 되면 연구의 집중도가 떨어지고 좋은 연구 성과 또한 낼 수 없다.

실제 현장에서도 R&D 경비를 집행할 때, 연구자가 서류작업에 매달리느라 진정한 연구에 전념하기 어렵다는 하소연이 많다. 물론 인건비나 연구 관리비는 연구자의 이해와 밀접하게 연관되어 있어서 일정한 통제는 꼭 필요하다. 그러나 연구비는 연구자가 연구에 필요하다고 판단하면, 사전적인 통제보다 사후적으로 영수증 확인, 집행의 필요성 등에 대해 평가하고 관리해야 한다. 연구 수행의 효율성을 높이고, 차기 지원 여부를 판단하기에 바람직하기 때문이다.

벤처창업 혁신

도전 의식과 창의성을 중시하는 벤처창업이나 자영업자라면 자기만의 고유한 기술이나 특성을 갖추어야 한다. 다른 경쟁자와 비교해 무언가 달라야 한다. 현재 시장에 나오는 제품이나 시장에서 실제로 팔리는 서비스와는 무언가 좋은 방향으로 달라야 경쟁할 수 있다. 벤처창업 분야에서 성공하려면 어떤 요건이 필요한가?

먼저, 창업 품목의 세계적 수요 여부다. 전 세계에서 누구든 필요로 하는, 세계인을 대상으로 하는 품목(Global Item)을 선정해야 한다. 경쟁력 있는 제품은 한 번 팔리기 시작하면 무한정 팔릴 수 있다. 특히 그 제품이 전 세계인이 날마다 쓰는 소모품일수록 더욱 그렇다.

기술창업

기술창업이란 현재 시장에 출시된 제품들보다 ① 조금 개선되거나, ② 많이 개선되거나, ③ 시장에 존재하지 않는 새로운 제품을 만드는 데 차별점이 있다. 끊임없이 고민하고 연구해야 한다. 그래서 무엇을 개선할 것인가, 불편한 점을 어떻게 바꿀 것인가 등을 부단히 연구해 지금보다 더 나은 제품을 만들면 된다.

오늘날 지구상에 없는 엄청난 혁신적인 제품을 만든다면 더할 나위 없이 좋겠지만, 반드시 그럴 필요는 없다. 현재 세계 시장에 출시된 제품이나 서비스보다 더 질 좋고 더 싼 제품이라면, 세계 시장을 주도할 혁신적인 제품이 될 수 있다.

휴대폰을 예로 든다. 가령 휴대폰과 관련된 여러 불편 사항을 개선하는 아이템을 개발한다고 치자. 늘 겪고 있는 대표적인 불편함 중 하나가 휴대폰 분실이다. 이 문제를 해결할 손쉬운 방법을 개발하면 어떤가. 휴대폰에 태그(Tag)를 붙여서 자신과 10미터 이상 떨어지면, 경고음이 나도록 하는 제품을 만든다면 어떨까. 핸드폰 하나당 100원씩만 남겨도 전 세계 휴대폰 사용인구 55억 명이 모두 사용한다면, 5,500억 원을 벌 수 있다. 이것이야말로 요즘 말로 '대박'이 아닌가.

세대 융합 창업

요즘 들어 청년 창업 얘기를 많이 한다. 과연 청년들만 모여 창업하면 성공할 수 있을까. 일반적으로 청년은 경험도 부족하고 기술력도 부족하다. 자본의 부족은 말할 것도 없다. 실제로 모든 게 부족한 상태에서 시작해야 한다. 판매는 또 어떤가. 무엇보다 사회적인 네트워크가 있어야 하고, 사회적 자본 또한 필요하다. 이것 역시 창업하는 청년으로서는 부족할 수밖에 없다.

가장 손쉽게 보완하는 방법은 경험자와의 동업이다. 그 분야에서 종사하다가 은퇴한 전문가, 기술자와 청년이 함께 창업하는 방법이다. 소위 말해 '세대 융합' 창업을 말한다.

이렇게 하면 리스크를 크게 줄일 수 있다. 은퇴자의 노련한 경험과 그들이 갖춘 사회적 자본과 청년의 창의적인 시각/기술이 융합하면, 성공할 확률이 매우 높다. 단지 청년끼리만 창업하는 경우보다 이런 세대 융합 창업의 성공 확률이 한층 높아질 것이다.

현 시점에서 주변 여건도 나쁘지 않다. 베이비붐 세대가 대부분 은퇴해서 인력 자원이 풍부하다. 은퇴자 가운데 청년이 창업하려는 분야의 유경험자를 찾기 쉽다. 이들의 도움을 받으면 유익하고, 이들의 경험적 지혜와 사회적 자본의 도움은 청년 창업의 성공 가능성을 높일 수 있다.

공간 차를 이용한 창업

한국에서 보편적으로 사용하는 우수 제품이나 서비스를 이런 제품이 없는 개발도상국 등 해외 국가로 가져간다면 훌륭한 창업 아이템이 될 수 있다. 이러한 창업은 이미 제품과 서비스가 검증된 상태여서 해외에서 파트너를 잘 찾아 현지와 잘 접목하면 성공할 가능성이 매우 크다.

이런 방식은 대한민국이 글로벌화해야 하는 이유 중 하나이기도 하다. 러시아에서 성공한 한국 라면 공장이 그 한 예다. 한국 라면이 없는 러시아에서 한국 라면 공장을 신설하여 성공했다. 게다가 한국 라면의 맛을 러시아인이 좋아하는 맛으로 현지화해서 더 크게 성공했다. 이것이 바로 공간적인 차이를 활용한 창업의 성공 사례다. 또한 한국에서 성공한 우수한 아이템을 선정해서, 같은 아이템이 없는 글로벌 국가로 가져가서 현지화로 성공한 대표적인 성공 사례 중 하나다.

거꾸로 해외에서 한국으로 공간적 차이를 이용하는 창업도 있다. 한국에는 없는, 그러나 해외 국가에서 검증된 우수한 제품이나 서비스를 한국에 가져와서 사업하는 것도 창업의 한 방법이다.

그 하나가 싱가포르의 공차 사업을 한국에 들여와서 성공한 사례다. 이 회사 대표가 싱가포르에 거주할 기회가 있었다. 그때 싱가포르에서 공차(Gong Cha, 貢茶)가 매우 인기 있다는 걸 알았다. 그래서 그는 싱가포르의 공차를 한국으로 들여와서 한국인의 입맛에 맞게 현지화함으로써 국내 프랜차이즈를 통해 성공했다. 이처럼 국경을 넘나드는 벤처창업도 훌륭한 모델일 수 있다.

기술창업 유도 + 사업화 지원

정부는 기술창업을 할 수 있도록 지원해야 한다. 기술창업을 위해서는 기술 교육, 창업 방법 등 교육 기회를 제공해야 한다. 아울러 기술창업을 원활하게 할 수 있는 생태계 같은 환경도 조성해야 한다.

기술이 없는 청년이 특허청 등 공공부문이 보유한 특허, 과학기술계 정부출연기관의 R&D 성과 중에서 사업화 가능성이 큰 아이템을 활용하여 시장의 요구에 부응하는 사업화를 추진할 수 있게 지원하는 방안을 고려해 볼 수 있다.

이 경우에는 당연히 과학기술계 출연기관 등 공공기관이 보유하고 있는 특허나 R&D 성과 등을 청년이 활용해 사업화하도록 공개해야 한다. 해당 연구를 담당한 전문가가 청년 창업자를 후속 지원하도록 하면 더 좋을 것이다.

가능하다면, 대학·연구소 등의 R&D 성과도 청년이 활용해 기술창업을 하도록 개방하자. 청년이 벤처창업을 통해 성공할 수 있도록 시제품화, 제품화, 마케팅, 판로 등도 지원해야 한다. 또한 창업에 성공한 경험이 있는 기업가를 멘토 또는 엑셀러레이터로 청년과 연결해 이들의 사업화를 적극적으로 지원하면, 성공 가능성도 더욱 높일 수 있을 것이다.

대기업-중소기업
상생 전략

대기업-중소기업 간의 상생은 다양한 시각과 다양한 입장에서의 접근이 가능하다. 여기서는 대기업-중소기업 간의 상생 방안에 대해 ① 사업 영역, ② 동반 성장, ③ 상생, ④ 정부 지원 등 4가지 측면에서 살폈다.

한국의 기업은 주로 소수의 대기업과 다수의 중소/중견기업으로 구성되어 있다. 대기업은 사업 규모가 크고, 다양한 업종을 이끌어간다. 대기업의 사업 규모나 범위는 마치 바다의 고래처럼 덩치가 크다. 이런 대기업은 글로벌 경제 시대에 해외에서 경쟁하는 데 적격이다. 태평양과 같은 큰 바다로 진출하려면, 항공모함과 같은 큰 배여야 흔들림 없이 안전하다. 이처럼 글로벌 시대에 해외시장으로 진출하려면 중소/중견기업보다 대기업에게 훨씬 장점이 많다.

그런 차원에서 '대기업은 주로 해외로, 중소기업은 주로 국내에서' 영업하는 방안을 제안한다. 이렇게 되면 위험성은 매우 크지만, 기회가 많은 해외시장에서는 대한민국 대기업이 진출하여 해외 사업을 추진한다. 그 대신 국내 시장은 주로 중소기업 등이 주도적으로 영업할 수 있어 서로 상생할 수 있다.

다만 국내에서도 제철·석유화학·반도체 같은 큰 장치산업(裝置産業, Process industry)이나 대규모 투자가 필요한 사업은 주로 대기업이 이끌어야 한다. 그러나 빵집·커피숍·음식점 등 국내로 영업이 한정되는 소규모 소비사업은 대부분 중소기업에게 사업 공간을 마련해 주어야 한다. 이렇게 하는 것이 큰 틀에서는 대기업-중소기업이 상생할 수 있는 방법이다.

대기업이 이들 협력 중소기업과 해외 진출도 같이하고 필요한 지원도 함께하면, 대기업-중소기업 간의 동반 성장은 한층 더 공고해질 것이다. 대기업과 협력하는 부품업체인 중소기업이 튼튼해야 대기업도 해외시장에서 경쟁력을 가질 수 있다. 비유컨대 잇몸(중소기업)이 튼튼해야 이(대기업)도 튼튼해지는 법이다.

대기업이 협력하는 중소기업의 끊임없는 혁신을 독려하고, 필요한 지원을 아끼지 않을 때 진정한 의미의 대기업-중소기업 간 상생 전략도 실현될 것이다. 그렇게 해야 중소기업도 R&D 등을 통한 기술혁신으로 대기업의 부가가치를 높일 수 있기 때문이다. 물론 중소기업도 대기업과의 협력에 앞장서야 한다. 중소기업 스스로 자체 기술혁신을 통해 품질을 개선하는 데 부단히 노력한다. 최고의 부품/제품을 생산하여 국내 대기업뿐 아니라 해외의 대기업에도 부품을 납품할 수 있도록 계속 기술혁신을 해야 한다.

대기업은 중소 협력업체에 대한 납품단가 등을 결정할 때 투명하게 원가 정보를 공개하고, 중소기업은 대기업이 설정하는 납품 단가가 합리적일 때 수용한다. 반면 대기업은 결산을 통해 이익이 많으면, 중소기업의 기술혁신 노력 등을 평가하여 차기 연도 납품 단가 인상 등으로 보답해야 한다. 이렇게 하면 대기업-중소기업은 기술혁신을 통한 동반 성장을 지속할 수 있다.

정부는 R&D, ODA/EDCF 등 정부 지원 자금을 통해 대기업의 해외 진출을 적극적으로 지원해야 한다. 앞서 제시한 신광개토 세계경영전략을 과감히 추진할 것을 제안한 것도 그래서이다. 사실 이 전략의 궁극적인 목표는 대기업의 해외 진출과 경쟁력을 갖춘 중소/중견기업 등의 해외 진출을 함께 지원하기 위한 것이다.

대외경제협력처의 신설 제안 역시 대기업이나 중소/중견기업의 해외 진출을 적극적으로 지원하기 위해서다. 대기업이나 경쟁력이 있는 중소/중견기업이면 과감하게 해외로 진출시키고, 대신 소규모 중소기업은 국내에서 사업을 활발히 추진할 수 있도록 환경을 만들어주는 것이 바로 대기업-중소기업 상생전략의 핵심이다.

글로벌 경제 혁신 :
신광개토 세계경영전략

글로벌 경제의 미래
글로벌 추진 항모 구축
해외 거점 혁신
대한민국 국가 확대

혁
신

03

한국은 인구 규모나 국토 면적(약 10만km2)을 전 세계 국가들과 비교하면 채 1%도 되지 않는 아주 작은 나라에 속한다. 인구는 전 세계 인구의 고작 0.6%에 불과하고, 국토 면적은 그보다 훨씬 더 작다. 전 세계 면적(1억 4,894만km2)의 고작 0.07%에 지나지 않는다.

하지만 이런 상대적 크기 비율보다 한국이 처한 더 큰 문제는 한국의 출생률이다. 2024년 기준 대한민국은 출생률 저하(0.6%대)로 시간이 갈수록 국내 인구가 점점 더 줄어들고 있다. 이렇게 인구가 계속 감소하면 한국은 국내 시장만 대상으로 하는 사업 자체까지 덩달아 위축될 것이 분명하다.

국내 시장만으로는 대한민국의 경제성장 동력을 확보할 수 없다. 한국의 국내 시장 규모는 작아도 너무 작다. 문제는 이런 작은 시장이 갈수록 점점 더 작아지는 추세라는 데 있다. 해결 방법은 대한민국이 더 넓은 글로벌 시장으로 달려가는 것이다. 신(新)광개토 세계경영전략이 바로 그 답이다.

글로벌 경제의 미래

한국경제의 답은 한마디로 해외에 있다. 해외로 적극적으로 진출해야 대한민국이 산다. 과거 고구려 시대의 광개토 대왕이 북방으로 진출하여 국가 영토를 가장 크게 확장했듯이, 주식회사 대한민국도 '신광개토 세계경영전략'을 과감히 실행해야 한다.

민간 차원의 해외 진출 전략 수립은 개별 기업 차원의 이슈에 한정되고, 기업 간 전략에는 상호 충돌과 중복 가능성 같은 우려가 적지 않다. 따라서 민간 차원을 넘어서서 국가적 차원에서 글로벌 전략을 수립한 뒤, 이를 적극적으로 뒷받침하는 과감한 국가 조직 재편과 인력 양성 등을 실행해야 한다.

신광개토 세계경영전략은 한국경제의 미래이고 답이다. 해외로 진출하려면 일단 기업 규모가 커야 한다. 마치 태평양을 건너려면 큰 배로 항해해야 하는 것과 같다. 돛단배로는 태평양의 거대한 파고를 이겨내기 힘들다. 글로벌 시장은 경쟁도 치열하고 풍랑도 극심하다. 넓은 바다가 언제 어떻게 변할지 해상 상황을 쉽게 예측할 수 없기 때문이다.

다행히 대한민국에는 큰 배가 많다. 세계 굴지의 대기업이 많다. 그런 측면에서 대한민국은 이미 유리한 환경이 조성된 셈이다. 대한민국의 글로벌 시장 진출은 대기업이 앞장서고 있다. 대기업은 비유컨대 항공모함 아닌가. 중소기업과 연대하여 해외시장을 공략하면, 중소기업에는 한층 더 기회가 확대된다.

그 대신 국내에서는 해외로 진출하지 못하는 벤처기업과 소규모 중소기업 등이 함께 사업할 수 있는 환경을 조성하면 된다. 사실 이보다 더 좋은 전략이 있을까. 해외는 대기업, 국내는 중소기업이 활약하는 이원화 전략을 추진하면 그야말로 실리 추구다. 이런 신광개토 세계경영전략을 튼튼하게 뒷받침하려면 정부 조직도 과감히 혁신해야 한다. 이에 적합하도록 정부 조직을 새로 만들고, 부족한 전문 인력도 보강하는 등 조직과 인재 역량을 강화해야 한다.

글로벌 추진 항모 구축

현재 대한민국 정부의 조직 구성은 대부분 국내 문제

를 다루는 데 중점을 두고 있다. 외교부와 산업통상자원부 산하의 통상교섭본부 등 해외 업무를 다루는 조직은 있으나 글로벌 경제를 전담해서 다루는 부처가 없다. 1년 내내 국내 기업의 글로벌 진출, 글로벌 판로 개척, 글로벌 기업의 국내 투자 유인 등에 전념하는 조직을 현재 정부에서는 찾아보기 어렵다.

세계경영전략 추진위원회 설치

이런 현실을 타개하기 위해서는 글로벌 시대의 해외 경제협력 업무 등을 전적으로 책임지고 추진하는 하나 정도의 장관급 부서를 설치할 필요가 있다. 현재도 부처마다 국제 업무를 담당하는 조직이 전혀 없진 않으나 부분적으로만 조금씩 대외 관련 업무를 수행하고 있을 뿐이다.

해외 관련 업무 중 무상 지원을 담당하는 공적개발지원 업무(ODA: Official Development Assistance)나 유상 지원인 경제개발협력기금(EDCF: Economic Development Cooperation Fund) 등 대외경제협력 업무를 담당하는 부처를 들자면 국무조정실(총괄), 기획재정부(유상), 외교부(무상)를 꼽을 수 있다. 그러나 이들 조직 역시 주무 장관이 전적으로 해외 업무에 역량을 집중하는 게 아니다. 고작해야 적은 시간과 노력만 투입하는 정도에 머무는 상태다.

국무총리 소속의 국무조정실에서 담당하는 국제개발협력 업무는 주로 1급 실장과 2명의 국장 조직으로 구성된 국제개발협력본부(1급, 실장급)가 담당한다. 기획재정부는 국장과 1개 과 정도가 담당한다. 그리고 실제로 EDCF 업무 실행은 수출입은행이 담당한다.

외교부의 경우는 국장과 4개 과가 담당한다. ODA 무상업무와 관련해 실제 집행 업무는 KOICA(Korea International Cooperation Agency)가 담당한다. 그런데 현재와 같은 정부 조직체계로는 '신광개토 세계경영전략'을 추진하기 쉽지 않다. 신광개토 세계경영전략은 한국으로서는 글로벌 전략을 추진할 큰 기회다. 따라서 주식회사 대한민국이 전 세계를 대상으로 글로벌 전략을 수행하려면 새로운 추진체계, 다시 말해 이 전략을 구체적으로 실행하고 뒷받침하기 위한 정부 시스템의 혁신이 필요하다.

우선 대통령 주재 신광개토 세계경영전략 추진위원회를 신설하자. 그리고 이 위원회에 정부 부처뿐만 아니라 세계 진출을 많이 하는 민간기업의 대표자, 민간 전문가를 참여시켜 글로벌 전략에 필요한 국가 전략을 논의하고 수립하자. 이 위원회를 중심으로 해외 진출 과정 중에 제기되는 갖가지 애로사항을 객관적으로 파악하고, 범국가적 차원에서 전문적으로 해결하고, 상호 협력해야 할 전략을 모색하자. 신광개토 세계경영전략은 곧 민·관·정 등이 함께 모여 대한민국의 글로벌 추진 전략을 수립하고 실행하는 전략이다.

현재 대통령의 해외순방 시기에 맞춰 외국과 많은 양해각서(MOU: Momorandum of Understanding) 등이 체결되고 있다. 그런데 실제 현실은 어떠한가. 일단 양해각서 등을 체결하고 나면, 체계적으로 구체적인 후속 조치가 나와야 마땅하다. 그러나 현재 이런 순차적인 조치가 뒤따르지 않고 있다. 그렇게 때문에 어렵게 맺은 양해각서는 한낱 이벤트성 양해각서에 불과하다는 비판이 적지 않다.

대외경제협력처 신설

이처럼 정부 내에서는 대통령의 해외순방 후속 조치 등 해외 관련 업무를 체계적으로 관리하고 통합/조정할 전담 부처가 없는 관계로 한국의 글로벌 정책은 성과를 거두기 힘든 상황이다. 따라서 글로벌 업무를 총괄해 전담할 (가칭) 대외경제협력처를 신설해야 한다.

글로벌 추진 조직을 신설할 때는 기본적으로 현재 정부 부처에 흩어진 조직을 최대한 활용한다. 국무조정실(개발협력본부), 기획재정부(EDCF, 유상), 외교부(ODA, 무상) 등의 기존 조직을 1차로 신설할 부처로 이관한다. 그런 다음 필요할 경우 일부 조직을 신설한다.

이외에도 기존 한국국제협력단(KOICA: Korea International Cooperation Agency, 무상업무, 외교부 소속), 수출입은행(KEXIM: Korea Export Import Bank, EDCF, 유상업무, 기획재정부 소속), 대한무역진흥공사(KOTRA: Korea Trade-Investment Promotion Agency, 무역업무, 산업통상자원부 소속) 등도 대외경제협력처로 이관하여 소속기관으로 한다.

신설되는 대외경제협력처 장관이 외국의 개발프로젝트 수주, 대통령 순방 후속 조치(경제 업무) 등을 체계적으로 담당하게 하고, 대외경제협력 업무를 총괄 기획하고 추진하도록 하면 된다. 주요 대사관에도 경제협력 프로젝트 담당자 등을 두어 해외 건설·플랜트 등 각종 사업 수주, 해외 조달, 대외경제 협력 등을 담당하게 한다.

대외경제협력처는 기본적으로 외교부와 자매 부처로 조직해 외교부와 인사 및 정보 교류 등도 활발히 추진한다. 장관은 국내에서는 경제부처의 하나로 활약하며, 경제부처와 서로 인사교류하고, 경제 관련 회의 등에 정식 멤버로 참석하고, 국무위원으로 보한다.

신설되는 대외경제협력처가 전 세계 국가별 경제정보를 취합·관리하는 정보시스템을 구축하여 운용한다. 대사관, 해외 주재 기업, 해외 주재 개인 등이 해외 각국의 경제 관련 주요 정보를 수집하여 대외경제정보센터로 보낸다. 대외경제정보센터는 시시각각 이를 선별하여 등록한다.

정보센터는 대외경제협력처가 총괄 관리한다. 대외경제 정보의 활용은 국내외 모든 국민이 활용할 수 있게 한다. 정부는 각종 대외경제 관련 정보를 분석하여 대한민국 경제에 미치는 영향 및 대응 방안 등을 마련한다. 수집된 대외경제 정보는 가능한 범위에서 모든 국민이 최대한 활용할 수 있도록 허용한다.

주요 국가별 연구 시스템 등 구축

정부 주도로 신광개토 세계경영전략을 수행하기 위해서는 이를 뒷받침할 세계 중요 국가별 연구 시스템과 전문 인력 양성이 필요하다. 예를 들어, 서울의 A 대학에는 핀란드과를, 부산의 B 대학에는 나이지리아과를, 광주 C 대학에는 우루과이과를 각각 설치하는 방안이다. 이들 연구학과는 국가별로 정치·경제·사회·문화 연구를 포함해 특히 해당 나라의 현지 언어 등을 습득하도록 하는 등의 교육 기반을 구축한다.

이런 연구학과에 진학하면, 그 나라의 모든 정보를 최대한 받을 수 있도록 한다. 해당학과 졸업생에게는 해외 현지 취업·창업 등 각종 비즈니스 기회를 제공하는 것은 물론이고 해당국가로 진출하여 취업할 수 있도록 우리 정부가 지원해 준다.

언어는 그 나라의 역사와 문화의 집약물이다. 따라서 언어는 글로벌 시장 진출 시 플랫폼 역할을 하는 요체다. 외국어를 한국어처럼 구사할 수 있으면 글로벌 경제 시대를 살아가는 우리에게 많은 기회가 주어질 것이다. 글로벌 전략을 구사하려면 한글의 세계화와 더불어 글로벌 진출을 지원할 영어(기본) + 주요국 언어(아랍어·중국어·스페인어·러시아어 등) 교육을 강화하여 언어라는 무기를 장착시킨다.

한글은 전 세계에서 가장 많은 언어적 표현이 가능한 언어로 평가된다. 표현력 부분에서 한글은 영어보다 훨씬 더 뛰어나다. 따라서 AI 시대의 대표적인 표현 언어로 '천·지·인(天地人)' 형상을 본떠 만든 대한민국의 한글을 국제화시켜야 한다. 이와 더불어 영어 등 외국어 학습을 독려해야 한다. 물론 한글과 영어 병용도 검토해 볼 필요가 있다.

해외 거점 혁신

국가별로 설치된 현지 대한민국 대사관은 일부 공관을 제외하고 상주하는 인력이 소규모다. 따라서 당장 시급한 현안 대응 등은 가능하지만, 지역경제 전략 수립 등 장기적이고 체계적인 대응과 성과를 내는 업무는 시기를 놓치지 않고 처리하기 어렵다.

현재 개별 대사관 위주로 운영되고 있는 해외조직 운영 체계를 지역의 거점 공관과 이를 중심으로 한 지역 소규모 국가별 대사관과 서로 연계하여 운영하는 시스템으로 개편할 것을 제안한다. 예를 들어, 현재 동남아 10개국에 우리 대사관이 각각 설치되어 있다고 하자. 이를 개편하여 동남아 주재 10개 공관을 총괄 관장하는 1개 거점 공관을 설치한다. 각국 대사는 주로 거점 공관에 상주한다. 나머지 9개 소규모 공관에는 필요할 때 대사가 방문해서 업무를 수행한다. 이 공관에는 최소한의 상주 인력만으로 운영한다.

이렇게 개편하면 정무나 경제 등에 있어서 지역 전략적 접근이 가능하다. 또한 인력도 효율적으로 운영할 수 있다. 명칭도 거점대사, 지역대사로 특화해 명명하면 거점 공관 중심으로 지역 대사관을 더 효율적으로 운영할 수 있다. 거점 공관이 없는 국가에는 참사관 또는 1등 서기관 등이 상주하며 동향을 모니터링하면 된다.

또 하나는 지역대사의 근무 시간을 탄력적으로 조절하는 방안이다. 지역대사가 거점 공관에서 50%, 각각의 국가에서 50%로 나눠서 근무하는 제도를 검토해 볼 수 있다. 이런 방안을 도입하여 지역별 경제, 정부 전략 등을 수립하고, 거점 공관 중심으로 대응할 수 있다. 그 외에도 여러 창의적인 방안을 도입하면, 실효성 있는 신광개토 세계경영전략의 실행도 가능할 것이다.

대사관의 경제 관련 업무는 주로 대외경제협력처 소속 직원이 전담한다. 이를 위해 경제 공사나 경제 담당 직위를 대외경제협력처 소속으로 이관한다. 해외 소재 국가에서 일어나는 경제개발 정보, 그 나라의 경제 분야 관심 사업, 현지 진출 한국회사·기업인 등에 대한 정보 관리 및 수주 전략 등을 효율적으로 모니터링한다.

어쩌면 이런 혁신적인 방안과 관련해 현재 외교부가 경제 공사나 경제 담당 직위의 대외경제협력처 이관을 크게 반대할 가능성이 크다. 따라서 외교부와 대외경제협력처 간에는 자매 부처로서의 정기 또는 수시 인사교류가 시의적절하게 있어야 한다.

해외에 진출한 KOICA, 수출입은행, KOTRA, 중소기업진흥공단의 해외조직 등은 대외경제협력처 소관으로 이관함으로써 대사관과의 협력을 강화해야 한다. 현재 대사관과 각 공공기관 사이에 협력이 잘 되고 있지 않다. 이는 소속 부처가 다른 데 따른 약간의 틈새 때문일 수 있다. 그러나 앞으로 직원의 소속까지 과감히 일원화하면, 대사관과 이들 공공기관 간의 협력 관계는 글로벌 경제 시대에 맞게 한층 더 강화될 것이다.

친대한민국 국가 확대

신광개토 세계경영전략을 추진하기 위해서는 대한민국

에 대해 매우 우호적인 국가들부터 상호 협력 관계를 우선적으로 강화해야 한다. 중·장기적으로는 중점 추진 국가별로 글로벌 협력 전략을 수립하여 선택과 집중을 통한 성과 극대화를 추진한다.

대한민국에 우호적이고 긴밀한 관계를 유지하고 있는 국가를 대상으로 형제/자매 국가(Brothers or Sisters Countries)로 설정함으로써, 긴밀한 글로벌 협력 전략을 추진할 것을 제안한다. 예를 들어, 한국에 우호적인 UAE, 우즈베키스탄, 투르키예, 콜롬비아, 베트남 등의 국가들에 대해서는 한층 더 긴밀한 협력 관계를 강화한다. 필요하면 비자 면제, 경제 교류 강화 등 매우 강화된 협력 추진 방안도 도입해야 한다. 대통령 주재로 각국 정상을 제주도 등으로 초청하여 주기적으로 우호 협력 정상회의를 추진하는 것도 좋은 방안일 수 있다.

형제자매 국가들과는 1:1 양자 협력 회의를 개최함으로써 그 나라에 필요한 개발 협력 패키지로 전략적 지원한다.

1단계 : KSP를 활용, 양자 협의 개발전략 수립을 지원한다.
2단계 : ODA 무상원조를 통해서 시범사업 등을 지원한다.
3단계 : EDCF 유상원조를 통해서 소규모의 개발사업을 지원한다.
4단계 : 국제기구융자, 민간투자 등을 활용한 대규모 개발을 지원한다.

이렇게 국가별 특성을 고려한 차별화된 국가별 협력 전략을 수립한다. 그리하여 서로에게 도움이 되는 맞춤형 개발 협력 상생 전략을 추진해 나가자.

대외경제협력처를 설치하여 이러한 정책을 추진하면, 글로벌 협력 사업도 한층 더 전문적일 뿐 아니라 체계적으로 수행될 것이고, 성과 또한 상당할 것이다. 신광개토 세계경영전략의 성공은 물론, 주식회사 대한민국 건설도 더 큰 성과를 거둘 것이다.

레볼루션 코리아 혁신전략
:
사회

V

저출생 혁신

- 보육 국가책임제 도입
- 대한민국이 키우는 입양 문화
- 출신을 불문하는 사회적인 인식
- 다자녀 무주택 가구, 신규 주택 최우선 분양
- '출생에 대한 영향평가 제도' 도입

혁신
04

보육 국가책임제 도입

저출생 문제의 근본 원인은 무엇일까. 저출생 문제를 돈으로 해결한다고? 물론 저출생 문제는 그 자체부터 매우 복합적일 뿐만 아니라 서로 얽히고설켜서 여러 방면에서 해결방안을 찾아야 한다.

그중 하나가 바로 결혼을 앞둔 신혼부부의 육아 부담 해결이다. 갈수록 인구 절벽을 맞이하는 대한민국으로서는 아이 보육 부담을 해결할 방안을 서둘러 찾아야 하는데, 이 문제가 해결되면 여성의 경력단절 등도 덩달아 해결할 수 있다. 이를 해결하지 않으면, 저출생 문제의 기본적인 해결은 어렵다. 정책 방안의 하나로 '보육에 대한 국가책임제'를 먼저 제안한다. 그 외에도 다른 많은 방안이 적지 않을 것이다.

돌봄조합 구성

첫째, 대한민국은 아파트 거주 문화가 지배적이다. 거의 모든 아파트에는 아이를 키워본 경험 풍부한 노련한 어머니들이 살고 있다. 이 어머니들을 중심으로 아파트 단위별 '돌봄조합'을 구성할 수 있다. 인접한 몇몇 아파트를 묶으면 공동으로 돌봄조합을 결성할 수도 있다. 이러한 돌봄조합을 기반으로 같은 아파트 내 아이들을 대상으로 돌봄을 담당하게 하는 아이디어다. 젊은 엄마들이 일터에 나가 있는 동안, 아침 6시부터 밤 24시까지 조합원인 어머니들이 책임지고 아이를 돌봐 주는 방안이다.

조합원도 한 사람이 한꺼번에 모든 시간을 전담하는 게 아니라, 탄력적으로 시간을 활용(Time Share)하여 운용한다. 시간 단위 또는 일(日) 단위로 조합원이 자신의 여유 시간을 활용하여 아이 돌봄을 분담한다. 이렇게 여유 시간을 잘 활용하면 조합원의 돌봄 부담도 줄고, 돌봄조합의 활용성도 높일 수 있다.

둘째, 국가나 지방자치단체는 어머니 조합원들이 아이 돌봄을 할 장소(돌봄센터)와 돌봄에 필요한 물품 등을 제공한다. 아이들을 돌봄센터에서 돌보는 것을 원칙으로 하고, 야간 등 불가피한 경우에는 조합원이 자기 집에서 돌볼 수 있도록 한다.

셋째, 국가와 지방자치단체는 돌봄 아이들의 인원수 등을 감안하여 돌봄센터에서 전문적인 교육을 제공할 선생님과 보육 전문가를 함께 파견한다. 대학생 교외 장학금을 활용하여, 대학생도 돌봄센터에서 아이들을 대상으로 수학 등 전문적인 과외 활동도 할 수 있다. 또한 젊고 유능한 돌봄 전문가를 배치하여 돌봄센터가 더 과학적이고 체계적인 서비스를 제공되도록 지원한다.

넷째, 노인 일자리를 활용하여, 돌봄조합과 연계하여 지원한다. 65세가 넘어 노인층에는 속하지만, 인생 100세 시대에 정정한 어머니들도 자기 삶에 쌓인 다양한 육아 경험을 돌봄조합에 제공할 수 있다. 이 경우 소요 비용을 노인 일자리 예산에서 지출하면 된다. 추가 비용 없이도 활용할 수 있는 셈이다.

아이 돌봄조합이 정착되면 업무를 확대할 수 있다. 영유아의 보육을 제공하는 돌봄센터의 정착 상황을 보면서, 필요하면 초·중·고교생의 방과 후 과외 활동에 필요한 이동 돌봄도 돌봄센터에서 담당할 수 있다. 두 가지 방안이 있다.

첫째, 돌봄조합에서 초등학생의 방과 후 과외 활동을 위한 이동 서비스를 제공할 수 있다. 예를 들어 초등학생이 피아노 과외를 위해 굳이 멀리까지 가야 한다면, 조합원이 차로 데려다 줄 수 있다. 초·중학생이 방과 후 혼자 있어야 한다면 돌봄센터에서 학교 숙제를 도와주는 등 야간 돌봄까지 가능하다.

둘째, 돌봄센터에서 거동이 불편한 노인의 돌봄도 담당할 수 있다. 병원 진료, 목욕 서비스 등에 대한 지원이 필요하면 조합에 연락해서 노인 돌봄 서비스를 받을 수 있다. 중장기적 과제로 아파트 내 장애인 돌봄 서비스 등도 확장해 제공할 수 있다.

이처럼 초기 단계에는 우선 영유아 돌봄을 담당하지만, 이후부터는 초·중·고 아이들 돌봄, 그리고 노인 돌봄과 장애인 돌봄 등으로 점차 업무 영역을 확대할 수 있다. 그런 과정에서 대상별 돌봄 업무를 전문화하고 체계화해서 별도의 돌봄조합으로 분화하는 방안도 검토할 수 있다.

국가와 지방자치단체의 협력

돌봄 서비스에 대한 재원 즉 돌봄센터 장소 제공, 시설비, 운영비 등은 국가와 지방자치단체가 부담한다. 필요한 경우 서비스 이용자가 부담이 되지 않는 범위 내에서 실비를 낼 수도 있다. 아울러 소득 연계 서비스 이용 부담 등을 통하면 돌봄에 따른 비용 부담을 최소화할 수 있다.

조합원은 서비스 이용자가 부담하는 이용료, 국가나 지방자치단체의 보조금 등으로 매월 봉사 시간에 따라 소정의 배당을 받는다. 65세 이상 노인은 노인 일자리의 하나로 인정하여 돌봄조합에서 근무할 수 있게 한다. 대학생의 교외 장학금 지급 대상 범위에 돌봄센터 활동을 포함한다. 이런 여러 가지 정책 조합을 통해 추가적인 부담을 줄일 수 있다.

이러한 돌봄은 아파트를 중심으로 한 지역 돌봄의 한 형태로, 지역주민이 상부상조하는 상호부조 모델이다. 특히 요즘 장년은 과거에 비해 상대적으로 매우 건강하고 활동적이다. 돌봄조합에서 일하면서 보람도 느낄 수 있다. 또한 돌봄 업무에 종사하면 장년 세대들에게 적은 액수지만 보탬이 될 것이다. 특히 지역 공동체가 아이 돌봄, 초·중·고교생 돌봄, 노인 돌봄, 장애인 돌봄 같은 사회적 문제 해결에 동참하는 혁신적인 지역상생 모델이 될 수 있다. 이 모델을 발전시켜 마을 공동체의 협력 기반을 위한 매우 실효성 있는 창의적 모델이 되도록 확대시키면 좋겠다.

대한민국이 키우는 입양문화

대한민국 사회가 지닌 주요 모순 중 하나는 출생 이후와도 관련된다. 국내적으로는 저출생 문제를 국가 문제라고 소리 높인다. 저출생 문제를 해결하기 위해 아이를 낳으면 각종 혜택을 준다거나 온갖 유인책을 앞다투어 강구하고 있다. 심지어는 출생 아이 한 명당 1억 원의 장려금을 주자는 이야기까지 나온다. 다자녀 가구의 경우, 공공 임대주택 등도 우선 제공하자는 주택정책까지 제안한다.

그런 가운데 국내에서 출생한 아이를 해외에 입양시키는 국가적 모순도 동시에 일어나고 있다. 국내에서 국내로 입양되는 것은 어쩔 수 없다고 치자. 그러나 인구가 급격히 줄어드는 상황에서 출생률이 OECD 국가 중 가장 낮은 0.6%밖에 안 되는 국가라고 나라가 온통 떠들썩한데도, 아이를 해외로 입양 보내고 있다.

대한민국의 해외 입양 아동 현황을 살펴보면, 2000년대 초반에는 2,000명을 넘었다. 그러다가 2006년에는 1,000명대로 줄고, 2011년부터는 1,000명 이하로 떨어졌다. 이후 급속히 감소 추세로 돌아섰다. 그나마 다행이다. 최근 2021년부터는 100명대로 줄었다. 2022년 한 해는 142명이었다.

분명한 사실을 잊어서는 안 된다. 누가 뭐래도 '대한민국에서

입양 아동 현황 (복지부), (단위: 명)

	2001	2006	2011	2016	2017	2018	2019	2020	2021	2022
계	4,206	3,231	2,464	880	863	681	704	492	415	324
해외입양	2,436	1,899	916	334	398	303	317	232	189	142
국내입양	1,770	1,332	1,548	546	465	378	387	260	226	182

태어난 아이는 대한민국에서 길러야 한다'라는 사실이다. 저출생 문제를 해소하기 위해 아이를 많이 낳으라고 권장하면서도 태어난 아이를 해외로 입양시키는 모순은 더 이상 있어서는 안 된다. 절박한 사정이라면 국내 입양을 권할 수 있고, 국내 입양도 어려우면 국가가 발벗고 나서야 한다. 부모의 정성 못지않게 국가가 제대로 키워야 한다. 대한민국에서 출생한 아이는 대한민국에서 잘 키워야 한다. 만약 이렇게 할 수 없다면, 저출생 대책은 이야기조차 꺼내지 말아야 한다.

출신을 불문하는 사회적인 인식

대한민국 가족제도는 출생에 따른 차별이 매우 크다. 정상적으로 결혼한 부모 밑에서 자라는 자녀에 대해서는 별다른 수식어가 붙지 않지만, 그렇지 않은 경우에는 온갖 수식어가 따라다닌다. 편부(偏父) 자녀, 편모(偏母) 자녀, 미혼모 자녀, 혼외 출생자 등과 같은 차별적 수식어 그러하다.

정상적으로 결혼하지 않고 낳은 자녀를 마치 비정상적 가정의 출신으로 여기거나, 문제가 있는 출생으로 낙인찍는 분위기다. 오늘날 대한민국에서 태어난 그 어떤 아이든 태어났다는 사실 자체만으로도 축복받아 마땅하다. 얼마나 귀중한 출생인가. 그런데 우리의 현실은 냉혹하기 그지 없고 심지어 차별적이기까지 하다.

이런 사회적 인식 때문에 불가피하게 임신한 미혼모가 탄생의 축복도 누리지 못하는 일이 곧잘 일어난다. 이런 상황에서도 대한민국 사회는 다른 한편에서 저출생 문제의 해소를 이야기한다. 산모가 애써 아이를 낳았는데도 축복해주지 않으면서 말이다.

대한민국 국민이 어떤 상황에서 아이를 출생하든지 간에, 그 어떤 출생도 차별받아서는 안 된다. 차별적인 용어도 쓰지 말자. 정상적으로 결혼해서 낳은 자녀든지, 아니면 불가피하게 산모 혼자서 낳은 자녀든지, 결혼하기는 싫고 자녀만 원하는 사람이 낳은 자녀든지, 모두 상관하지 말고 모든 출생을 축복하고 감사하게 여기는 문화가 필요하다. 출생은 그 자체가 엄청난 축복이라는 사회적 인식과 공감의 분위기 없이 구호만 외치는 저출생 대책은 공허하다.

모든 출생은 국가적으로도 축복일 뿐 아니라 누구든 박수받을 일이다. 저출생 문제를 보는 가장 기본적인 시각과 공감 어린 문제 해결은 이러한 사회적 인식 개선에서부터 시작한다.

다자녀 무주택 가구,
신규 주택 최우선 분양

지금도 신규 주택 분양은 점수제를 도입해 다자녀 무주택 가구에 유리하게 되어 있다. 그런데 다자녀 무주택자들에게는 이런 방식을 좀 더 획기적으로 개선해 주어야 한다. 즉 다자녀+무주택자+분양받은 실적이 없는 가구에 대해서는 최우선 분양권을 준다.

신규 주택 분양 시, ① 다자녀 중에서 자녀 수가 많은 가구 순으로 우선한다. 게다가 ② 무주택 가구, ③ 분양받은 실적이 없는 가구에 대해서는 가점을 부여한다. ①+②+③이 최우선 순위 가구이고, 다음으로는 ①+②, ①+③ 등으로 우선순위를 정한다. 결국 다자녀 가구 중 주택이 없고 분양받은 실적이 없는 가구에게는 가장 먼저 혜택을 부여한다.

한편 ④ 다자녀 가구가 현재 사는 주거지가 가족 수에 비해 너무 좁으면 추가 가점을 부여하는 방안을 마련하자. 이 같은 정책을 도입해 다자녀 무주택 가구가 집을 분양받지 못하는 일이 없도록 해야 한다. 100% 신규 주택을 분양받도록 하자. 그러나 미분양의 경우에는 주택공급의 일반 정책적 판단에 따라 분양한다. 이러한 다자녀 무주택자 우대 제도의 도입은 인구수 절벽을 막는 또 다른 방안이기도 하다.

'출생에 대한 영향평가제도' 도입

정부가 신규 정책을 추진하거나, TV, 신문 등에서 드라마나 보도 등을 할 경우, 출생에 미치는 영향을 총체적으로 평가하여 부정적인 영향을 최소화하는 '출생에 대한 영향평가제도' 도입을 적극적으로 제안한다. 정부가 새로운 정책을 추진하는 경우 또는 기존 추진정책이라도 출생에 미치는 악영향이 매우 크다고 판단될 때는 정책 내용이나 정책의 방향을 전환하는 등의 보완책도 함께 마련한다.

언론의 각종 보도나 TV 프로그램 등에서 보여지는 출생에 미치는 악영향을 제대로 평가하자. 생명 탄생을 누구든 축복할 수 있는 쪽으로 기본 방향과 내용을 전환하는 등 세세한 부분까지 놓치지 않는 노력이 필요하다. 국가 최대의 재난인 저출생 문제를 해소하기 위해 국가 차원에서 전방위로 나서야 한다.

아이 보육 부담을 해결해야

저출생 문제의

기본적인 해결이 가능하다.

'보육에 대한 국가책임제'를

제안한다

돌봄조합을 구성하자

고령화
혁신

노인 건강 촉진
노인 친화 주거 공급
노인의 일하는 행복
정년 연장 또는 폐지
노인부 신설

혁신

05

대한민국의 미래와 관련해 가장 큰 위험 요인 중 하나는 저출생과 함께 닥쳐오는 급속한 고령화다. 대한민국 노인 인구는 2024년 1월 기준 973만 명으로 전체 인구의 18.96%를 차지한다. 이에 반해 노인을 부양해야 할 아이들의 출생률은 2022년부터 연간 24만 9,000명으로 급격히 줄고 있다.

따라서 2022년 기준 고령인구 수는 유소년 인구의 1.5배지만, 2030년이 되면 3배에 다다를 것으로 예상된다. 2042년에는 고령인구가 전체 인구의 37%에 이를 것으로 전망된다. 2024년 1월보다 거의 2배로 늘 것이다.

시간이 갈수록 점점 부양해야 할 노인 인구는 증가하고, 부양해야 하는 인구수는 급격히 줄어들고 있다. 이른바 '악어의 입'처럼 두 계층 간의 갭은 갈수록 더 커지고 있다. 물론 이로 인한 다양한 문제도 발생할 것으로 예상된다.

이러한 추세를 종합하면, 멀지 않은 장래에 국민연금과 건강보험 재정 소진이 예상된다. 국민연금이나 건강보험료를 불입하는 청년층(출생자)은 계속 줄어드는 데 반해, 수급 대상인 노인층은 계속 늘어나고 있기 때문이다.

이런 상황을 분석해온 전문가들은 국민연금이나 건강보험료의 소진 시기를 앞당겨 전망하고 있다. 체계적이고 미래지향적인 대책을 세우지 않으면 안 된다. 지금의 우리는 어떤 대책을 수립하고 실행해야 하는가.

노인이 건강해야 작은 일이라도 할 수도 있고, 병원에도 덜 가게 된다. 소일거리로 일하고 병원에 적게 가면, 완벽하지는 않지만 노인에게 지급할 국민연금이나 건강보험 재정의 고갈도 늦출 수 있다.

가령 한 사람이 건강하게 100세, 120세 삶을 살 수 있다고 가정해 보자. 그러면 노인이라 하더라도 강도 높지 않은 근로도 할 수 있고, 이를 통해서 일정한 수입도 창출할 수 있다. 이에 따른 소득 증가로 국민연금 지원이 줄고, 국민연금 재정의 고갈 시기도 연기시킬 수 있다.

노인 건강 촉진 :
맨발걷기 운동

가장 손쉬운 방법으로 노인이 더 건강하게 살 수 있는 실제적인 방안부터 고려해야 한다. 그 하나로 맨발걷기 운동을 제안한다. 최근 대한민국 곳곳에서 맨발걷기 운동이 유행처럼 번지고 있다. 흥미로운 현상이 아닐 수 없다. 노인의 맨발걷기 운동을 권하는 것은 지자체마다 공유지를 효율적으로 활용하자는 취지도 물론 있다. 하지만 그것보다 노인이 자발적으로 맨발걷기 운동을 통해 자신의 건강을 증진할 수 있도록 하기 위함이다.

국가가 바로 여기에 인센티브를 부여하는 방안을 제안한다. 노인이 맨발걷기를 통해 건강이 좋아지면 병원 진료를 줄일 수 있고, 그로 인해 건강보험 재정도 좋아지면 이보다 더 좋은 노인 건강증진 정책은 없기 때문이다.

① 노인별로 매년 건강검진을 받도록 한다. 가능하면 노인별로 건강보험 재정에서 지원하는 비용을 데이터로 관리한다.

② 노인이 맨발걷기 등을 통해 간단한 운동이라도 시작하고, 1년 후 건강검진을 통해 국가가 인정하는 지표 개선을 확인한다. 1년 동안 병원 등에서 진료받은 개개인에게 지급한 건보재정의 비용도

체계적으로 관리한다.

③ 이렇게 해서 건강지표도 개선되고, 건강보험 재정에서의 지원도 줄어든다면, 줄어든 건강보험료 지원 금액의 일부를 노인 개인에게 환급한다. 필요시 건강보험료의 인하도 적극적으로 검토한다.

④ 만약 맨발걷기 다음 해에 건강검진을 해서 다시 건강지표가 나빠지거나 건강보험 재정 지원도 늘어났다면, 건경보험료의 인상 등을 통해서 역 인센티브를 부여한다.

이처럼 창의적이고 실용적인 방안 등을 고려해 노인의 맨발걷기 운동을 적극적으로 유도한다. 이와 더불어 맨발걷기 운동에 대한 과학적 검증 추진을 제안한다. 건강지표가 좋지 않은 청년, 장년, 노인 등을 대상으로 건강검진을 하고, 그로 인해 맨발걷기 운동 이후에 어떤 변화가 있는지를 과학적으로 검증하면 좋을 듯하다.

이렇게 맨발걷기 운동에 대한 실제적인 효과를 데이터로 관리함으로써 이 운동에 대한 신뢰성을 높여야 한다. 만약 기대 효과가 좋다면, 전 국민운동으로 확대 보급한다. 모든 국민이 맨발걷기 운동을 통해 건강하게 100세까지 살게 된다면, 이것이야말로 진짜 행복한 대한민국이지 않겠나. 덤으로 건강보험 재정도 건실해질 것이다. 대한민국 청·장년의 건강보험료 부담도 줄이는 효과까지, 한마디로 국민 맨발걷기 운동의 효과는 1석 3조가 될 것이다.

노인 친화 주거 공급

한국을 처음 방문하는 외국인은 '와! 아파트 공화국이다'라는 탄성을 지를 정도로 현재 대한민국의 주거 형태는 대부분 아파트다. 그러나 아파트 내부 구조가 고령화 시대에 대비해 노인의 삶에 친화적이거나 편리한 시설이 아니다. 대한민국의 주거 문화도 노인 친화적 방향으로 개선되어야 한다.

아파트의 1개 동(棟)을 예로 들자. 15층 아파트를 건축한다면, 여기에 맞는 노인 맞춤형 주택 혁신 방안이 있다. 지하 1층에 슈퍼마켓을 둬서 노인이 쉽게 일용 잡화를 살 수 있도록 한다. 1층에는 식당을 유치한다. 아침부터 저녁까지 언제든 간단한 음식을 제공한다.

2층은 가벼운 운동이나 걷기 등을 할 수 있는 헬스센터를 배치한다. 3층은 커뮤니티센터를 마련한다. 넓은 공간에서 이야기도 하고, 차도 마시고, 소규모 모임도 할 수 있게 한다. 좀 더 많은 노인이 함께 모이는 회의장도 둔다. 4층은 노인에게 필요한 각종 의원이나 병원을 유치한다. 물리치료실, 한의원, 내과 같은 소규모 의원을 둬서 노인이 언제든 편하게 의사의 도움을 받게 한다.

5층부터 14층까지는 노인 주거시설이다. 소규모로 구성되어, 1인 노인은 10평, 부부 노인에게는 20평을 기준으로 제공한다. 이보다 큰 평수는 제공하지 않는다. 그 대신 10평 또는 20평의 숫자를 최대한 늘려서 공급한다. 15층에는 게스트룸이 있다. 가족이나 아이들이 방문하면, 하루 또는 이틀 부모와 같이 있을 때 실비로 사용할 수 있도록 한다. 필요시 14층을 노인 돌봄인력 등이 거주하는 공간으로 둔다.

아파트 내부도 노인이 생활하는 데 불편함이 없도록 노인 친화적으로 구성한다. 우선 휠체어 출입에 불편함이 없어야 한다. 거동이 불편한 노인이 줄 같은 걸 잡고 이동할 수 있는 편리한 구조물을 설치한다. 화장실도 휠체어로 다닐 수 있도록 문턱을 없애고, 엘리베이터도 휠체어 또는 병상 침대 이송 등이 수월하게끔 설치한다. 예를 들어, 될 수 있으면 소형과 대형으로 구분해 배치하면 한층 더 효과적일 것이다.

노인 친화적인 주거 공급 촉진을 위해 용적률 등에 인센티브를 주자. 그러면 노인 친화적인 주거의 공급을 자연스럽게 늘릴 수 있다. 이런 노인 맞춤형 주거에서 생활하면, 노인은 편리할 뿐만 아니라 독거노인이 겪는 고독 문제도 해결할 수 있다. 서로 간의 활발한 교류를 통해 치매 예방 등에도 도움이 될 것이다.

노인의 일하는 행복

　　대한민국은 이제 베이비붐 세대인 1958년생부터 1963년생의 인구가 점차 은퇴하고 노인 세대로 접어들고 있다. 그러나 65세 이상이 노인으로 분류되지만, 이들의 건강은 청년 못지않다. 신체적으로는 근력이 떨어질지 모르나, 정신적인 면에서는 아직 왕성한 활동이 가능하다. 그럴 뿐 아니라 이들 중에는 오랫동안 현업에 종사한 전문가도 수두룩하다.

　　대한민국은 이들 노인 인력을 적극적으로 활용해야 한다. 이들에게 맞는 일자리를 최대한 만들어낼 방안이 필요하다. 인구 절벽의 위기 앞에 서 있는 대한민국으로서는 이러한 청춘 노인에게 맞는 맞춤형 전문 일자리 창출 방안을 다각도로 연구해야 한다. 이제 곧 노인 나이를 65세에서 70세로 올려야 할 날이 다가온다는 것도 감안한다.

　　먼저, 노인 인력에 대한 데이터베이스부터 구축하자. 노인별 특성을 여러모로 찾아내는 개인 카드인 셈이다. 노인별 기본 인적 사항, 건강 상태, 전문 분야, 거주 지역, 근로 의사 여부, 근로 희망 분야, 상근과 비상근 등을 폭넓게 확보하는 대한민국만의 독창적인 데이터베이스를 구축하자. 이때도 개인정보보호법에 절대로 저촉되지 않아야 하고, 개인별 프라이버시를 보장해야 한다. 이런 독창적인 노인별 데이터베이스를 기초로 기업체, 대학, 지역 등과 연계시켜 개인별 특성에 맞는 다양한 형태의 전문 일자리를 만들자.

특정 기술 등 전문성을 갖춘 노인과 지역의 중소기업을 탄력적으로 연계시키자. 노인은 굳이 상근할 필요도 없다. 비상근으로 1주일에 1~2일 근무하면서 중소기업의 기술 지도나 특정 부분의 자문 등을 할 수 있다. 능력이 되면 여러 기업에 비상근으로 근무할 수도 있고, 필요한 경우에만 해당 기업을 방문해 기술 지도 등을 할 수도 있을 것이다. 전문 분야별로 노인 팀을 구성하여 파트타임으로 일할 수 있는, 스마트팜 같은 일자리에 관한 연구가 필요하다.

정년 연장 또는 폐지

지금의 베이비붐 세대가 낳은 아이들이 에코 세대(1977~1997)다. 에코붐 세대를 관통하는 21년 동안 80만 명대의 출생률이 70만 명대, 60만 명대로 줄었다. 1998년생부터 2000년생까지 60만 명대이고, 2001년에는 50만 명대로 낮아지기 시작하다가 불과 1년 뒤인 2002년부터는 40만 명대로 급격히 감축되었다. 이런 연도별 출생률 저하는 누구나 다 알듯이 앞으로 대한

1977년~2006년 연도별 출생아 수(명)

1977년	1978년	1979년	1980년	1981년
825,339	750,728	862,669	862,835	867,409
1982년	1983년	1984년	1985년	1986년
848,312	769,155	674,793	655,489	636,019
1987년	1988년	1989년	1990년	1991년
623,831	633,092	639,431	649,738	709,275
1992년	1993년	1994년	1995년	1996년
730,678	715,826	721,185	715,020	691,226
1997년	1998년	1999년	2000년	2001년
675,394	641,594	620,668	640,089	559,934
2002년	2003년	2004년	2005년	2006년
494,911	495,036	476,958	438,707	451,759

민국에 엄청난 파장을 몰고 올 것이다.

  앞으로 신규 인력이 대학 졸업과 군 복무 등을 끝내고 노동시장에 진입하는 시기를 30세 전후라고 가정해 보자. 그러면 2024년 현재 1994년생이 주축이고, 70만 명 정도가 신규 인력일 것이다. 하지만 앞으로 2년이 지나면 신규 인력은 60만 명대로 뚝 떨어지고, 다시 7년 후가 되면 50만 명대, 8년이 더 지나면 40만 명대로 급속하게 줄어들 수밖에 없다.

  이런 추세는 인구 구조상 명확히 예측되는 일이다. 문제는 이런 예측이 시간이 갈수록 훨씬 더 심각해지고, 신규 시장에 진입하는 인력 자체도 지금으로선 예측하기 힘든 여러 변화요인까지 포함되어 줄어든다는 점이다. 이런 복합적인 노동 인력 감소에 우리는 어떻게 대응해야 하는가.

신규로 시장에 진입이 예상되는 인력 숫자를 감안하여, 40만 명대의 인력으로 줄어드는 2032년까지는 지금의 정년제를 단계적으로 연장하는 방안을 검토할 필요가 있다. 이런 방법을 과감히 도입해야 예상되는 인력 시장의 수요와 공급을 맞출 수 있다. 여기서 한 걸음 더 나아가 40만 명대 인력으로 줄어드는 2032년 이후부터는 정년제 폐지 등을 도입하는 획기적인 방안을 지금부터 체계적으로 검토할 필요가 있다.

인력 문제는 미리미리 철저히 대비하지 않으면 그 결과가 걷잡을 수 없을 것이다. 국가로서는 인력 시장에 필요한 상수와 변수를 명확히 판별하면서 인력난이 돌발적으로 발생하지 않도록 선제 대응이 절실하다.

지금의 추세로 볼 때 출생인구 감소에 따라 신규로 시장에 공급되는 생산인력의 현격한 감소는 쉽게 피할 수 없다. 2021년에는 출생인구가 총 26만 562명이었고, 2022년에는 24만 9,186명이었다. 그리고 바로 작년 2023년에는 23만 명 수준이었다는 사실을 직시해야 한다.

노인부 신설

　　최근 들어 대통령실은 저출생의 심각성을 인지하고, 이를 국가적인 과제로 대응하기 위해 저출생대응기획부를 사회부총리 부처로 신설하겠다고 발표한 바 있다. 매우 시의적절하고 현명한 대응이다. 마치 지난 1960년대 경제개발계획을 국가 주도로 집중하여 추진하기 위해 부총리 부서인 경제기획원을 만들었던 것과 같은 맥락이다.

　물론 저출생 문제 못지않게 고령화 문제도 매우 중요한 국가 과제다. 노인 수가 전체 인구의 50%까지 지속해서 증가한다는 것이 이미 예견된 사실이다. 따라서 저출생 문제에 대응하려는 저출생대응기획부와 마찬가지로 노인부를 과감히 신설하여 고령화, 초고령화 시대에 적극적으로 대응하자. 고령화 문제는 어쩌면 저출생 문제보다 더 중요한 국가적 과제인지도 모른다. 우리는 이 두 가지가 따로 분리될 수 없는 문제라는 점을 명확히 인식해야 한다.

지역균형 발전 혁신

지역균형 발전전략

1지역, 1발전 / 권역별 발전전략

광역권 통합

지방의회

총액예산 교부제도 도입

지방 공모제도

지방 유휴시설 활용

브레인풀 제도

혁신
06

대한민국의 226개 시군구를 모두 균형 있게 발전시키는 전략이 진정한 지역균형 발전전략일 수 있을까. 지역균형 발전전략은 중앙과 지역, 또 지역 내에서는 광역과 기초지자체 간의 발전전략을 잘 구분해서 정립해야 한다.

무엇보다 여기에는 지방 행정구역 개편이 전제되어야 한다. ① 지역을 지금의 시군으로 그대로 하면 너무 세분된다. 이를 인구 100만 명 또는 150만 명을 기준으로 현재 지역을 재설계한다. ② 재설계된 인구 100만 명 또는 150만 명의 지역을 중심으로 현실적인 지역 발전전략을 수립한다. 다시 말해, 이 두 가지 정책 방향은 현재의 너무 세분된 행정구역을 개편함으로써 인구 100만 명 또는 150만 명으로 구성된 행정구역으로 재설정하는 것이다. 그리고 100만 명 또는 150만 명으로 재설정된 지역을 행정구역별로 특화된 지역 발전전략을 수립하는 방안이다.

경상북도의 경우를 예로 들면, 전체 인구가 255만 명 정도여서 앞서 말한 100만 명 혹은 150만 명 기준으로 재설정하면 22개 시군을 2개 또는 3개 지역으로 통합할 수 있다. 이렇게 재설정된 2개 또는 3개 지역에 대한 지역 발전전략을 수립하고 지역을 실질적으로 발전시키는 지역균형 발전전략을 추진하면 지역균형 발전의 목표도 훨씬 뚜렷해지고 효과도 클 것으로 보인다. 물론 지역 간의 갈등도 훨씬 줄어들 뿐 아니라 선택과 집중에 주안점을 둔 지역 개발도 가능할 것이다.

물론 한 지역이 발전하려면, 어느 한 요소만 있어서는 안 된다. 돈이 되는 일자리 창출이 그중에서 가장 중요한 과제다. 따라서 가장 먼저 그 지역의 산업이 발전되어야 한다. 이를 지원하는 인프라 즉 사회간접자본의 투자가 필수다. 이를 수행할 인력 공급도 매우 중요하다.

이렇게 지역 발전을 위한 기본적인 요소를 갖추었다고 해도 중요한 바탕이 빠져서는 안 된다. 그것이 바로 문화, 교육, 의료 같은 생활 기반이다. 이 부분이 없으면 그 지역에 계속 정착하기 어렵다. 이 모든 것이 제대로 갖춰질 때 진정한 의미에서의 지역 발전

기반이 조성되고 계속 사람들이 모여드는 곳이 된다.

지역균형 발전전략

인구 100만 명 또는 150만 명의 특별자치시로 지금의 지역 행정을 재설정한 뒤 가장 시급하게 해야 할 일이 있다. 바로 그 지역이 전 세계 또는 적어도 국내에서 가장 잘할 수 있는 산업 또는 서비스 분야를 찾아내는 일이다. 가령 다음의 네 가지로 선정해보자.

① 가장 자원이 풍부한 분야
② 가장 산업이 활발한 분야
③ 가장 유명한 서비스가 많은 분야 등에서 그 지역만이 가장 잘할 수 있는 중점 분야
④ 만약 출중한 분야가 여럿이라면 글로벌 산업 또는 서비스로 발전할 가능성이 가장 큰 분야

특히 관광, 문화 등 서비스 분야를 중점 추진사업으로 선정한다면, 가장 심각하게 고려해야 할 사항이 있다. 대한민국의 인구 구조 변화다. 지금의 예상 추세대로라면 시간이 갈수록 대한민국

의 총인구는 줄어들 수밖에 없다. 동시에 이와 연동하여 대한민국 국민만을 대상으로 하는 서비스 투자 역시 수요가 줄어드는 상황에 직면하게 될 것이다.

특정 자치 시군이 관광에 투자하되, 주요 관광객을 외국인이 아니라 내국인만 대상으로 한다면, 인구 구조상 시간이 지날수록 내국인 관광객 숫자가 줄고 투자 효과성도 떨어진다는 것을 감안해야 한다. 찾아오는 관광객이 없거나 줄어드는 이런 투자는 절대 금물이다. 어느 서비스 분야든, 어떤 산업 분야든, 지역균형 발전의 경쟁력을 가지려면 더 넓은 해외시장 즉 글로벌 시장을 대상으로 하는 산업이나 서비스 분야를 가장 먼저 선정해야 할 이유가 바로 여기에 있다.

지역의 발전적 특성을 고려해 경쟁력 있는 목표를 정할 때는 지역의 모든 당사자가 참여하여 선정한다. 지역의 지방자치단체, 공기업은 물론 지역의 대학, 연구기관 그리고 지역의 기업인, 전문가가 동참해 해당 지역에서 가장 잘할 수 있는 산업이나 서비스를 찾아야 한다. 무엇보다도 가장 국제 경쟁력을 가질 수 있는 모든 요소를 감안하여 결정해야 한다. 글로벌 물류, 글로벌 인지도 등 글로벌 경쟁력을 가장 먼저 고려한다.

선정된 산업이나 서비스가 글로벌 1등 경쟁력을 가질 수 있도록 동원할 수 있는 모든 것을 집중적으로 투입해야 한다. 글로벌 1등으로 만들기 위한 R&D, 서비스 개발, 노하우 개발 등을 총동원하여 대응하는 것은 당연하다. 시제품 개발 → 부족한 부분의 기술개발 및 R&D로 보완 → 제품성능 개선 → 양산 → 고부가가치 판매 등으로 이뤄진 선순환 구조를 체계적으로 만들어야 한다.

선택된 분야에 필요한 인력을 양성하고, 시의적절하게 공급하는 것도 중요하다. 이를 위해 지역 소재의 대학과 연계하여 기술인력, 전문 인력 등을 양성하는 교육프로그램을 만들어야 한다. 또한 선택된 사업과 관련된 기업을 수직적+수평적으로 묶어 클러스터로 육성한다.

지역혁신 체계를 구축하여 추진 과정에서 발생하는 문제점이나 장애 요인을 신속하고 지속적으로 개선하고 보완·발전시켜야 한다. 지역혁신 체계는 지역 소재 지방자치단체, 중앙정부의 지방 기관, 공공기관, 대학, 기업 등이 총체적으로 연합하여 혁신 계획을 함께 수립하고 추진체계를 체계적으로 구축해야 한다. 물론 중앙부처나 국책 연구기관의 적극적인 참여와 지원 또한 필수다.

1지역, 1발전 /
권역별 발전전략

대한민국의 지방을 살리기 위해서는 적어도 1지역, 1

발전전략부터 현실에 맞게 수립해야 한다. 물론 행정구역을 개편하면 1행정구역당 몇 개의 발전전략이 나온다. 그러나 기본적으로 현 행정구역을 그대로 둔다면, 1지역, 1발전전략 수립은 한층 더 필요하다. 자치 시/군별로 해당 지역이 가장 잘할 수 있는 분야에 선택과 집중하여 적어도 1개의 지역 발전전략을 수립해야 한다. 그런 다음, 수립된 지역 발전전략에 모든 재원과 인력, 인프라 등을 총집중하여 성과를 낼 수 있도록 해야 한다. 그렇게 해야만 지역발전에 동력을 불어넣을 수 있다.

물론 한꺼번에 여러 개의 발전전략을 추진하면 좋겠지만, 지방의 재정 능력이나 인력 수급 등을 고려할 때 효율적인 성과를 내기란 어렵다. 여러 전략을 동시에 추진하면 자칫 성과를 하나도 제대로 내지 못할 수 있기 때문이다. 1지역, 1발전전략의 실효성 있는 수립 추진을 위해 다음과 같은 절차를 추천한다.

① 각 자치 시/군별로 1지역, 1발전전략을 수립한다.
② 광역도 차원에서 1차로 검토하되, 중복 여부 등을 조정한다.
③ 2차로 행정안전부와 지방시대위원회에서 전체 광역시/도의 발전전략을 종합적으로 조정한다.
④ 마지막으로 지역별 전략을 관련 부처인 기획재정부, 산업통상자원부, 국토교통부 등에서 검토하여, 국가발전 계획과의 연관성

과 타당성 등을 점검한다.

⑤ 이런 검증 및 조정 과정을 거쳐 종합 조정된 지역 발전전략은 국무회의 등을 통해 최종적으로 확정한 후 시행한다.

⑥ 광역시의 경우는 그 자체로 1개의 단위로 보고, 지역 발전전략을 수립한다.

사실 현재 총 226개 행정구역을 중심으로 1지역, 1발전전략을 수립하면 수많은 지역발전 계획들이 제각각 수립될 수밖에 없다. 물론 이렇게 저마다 수립된 지역 발전전략이 자치 시/군 간에 서로 정합성이 높으면 좋겠으나, 이는 말처럼 쉽지만은 않다. 또한 상급기관에서 종합 조정하겠지만, 이를 통해 정합성을 쉽게 맞출 수 없을 것이다. 따라서 지역 발전전략 수립 시작 때부터 인접 지역 몇몇을 하나로 묶은 후 권역별로 하면 좋다. 대한민국의 지역 현실을 좀 더 들여다보면, 행정구역만 서로 나뉘었을 뿐, 실제로는 1개의 권역인 지역이 많다.

중앙에서는 권역별로 지역 발전전략을 수립하는 지역에 대해 인센티브를 부여할 수 있다. 이는 수립을 유도하는 좋은 방안일 수 있다. 이런 인센티브 제도는 시/군별로 각각의 지역 발전전략을 수립하는 것보다 성과가 높을 수 있기 때문이다.

광역권 통합

　　대한민국의 광역권을 통합하여 개발하는 방안도 수도권에 대응하는 광역지역 발전전략으로서 매우 의미가 있다. 대표적인 광역권 통합 개발계획 중 하나로 부산/울산/경남(부울경) 광역권 개발계획을 들 수 있다. 3개 광역단체 간의 특별지방자치단체 설립 등을 위한 추진이었다. 다소 진전된 합의는 있었지만, 끝내 좌절되고 말았다. 이외에도 대구/경북, 광주/전남, 대전/충남/충북/세종의 3개 권역 광역권 개발계획도 가능할 수 있다.

　　광역권 개발계획에서 가장 중요한 부분은 다음 다섯 가지다.

① 일자리 및 지역 발전의 근간이 되는 산업 및 서비스 발전전략이다. 이는 광역 차원에서 각각의 역할을 분담하여 광역 경제의 경쟁력을 확보할 수 있는 전략 수립을 말한다.

② 이를 뒷받침하기 위해 필수적인 인력공급 전략이다. 광역지역 자체적으로 지역경제의 경쟁력 제고에 필요한 산업 및 서비스에 대해 우수한 인력을 자체적으로 공급하는 전략이다. 이러한 인력공급 전략은 지역의 대학 등과 연계되어야 한다.

③ 교통망, 주거 등 인프라 지원 전략이 수반되어야 한다. 광역 교통망, 광역 물류망, 거주할 주택 등의 지원이 있어야 광역권 개발

계획은 실효성을 가질 것이고, 물류 흐름도 원활해진다.

④ 광역권 개발계획을 실행할 특별지방자치단체, 특별지방의회 등 행정지원 조직도 필수적으로 갖춰져야 한다.

⑤ 기획재정부, 산업통상자원부, 교육부, 국토교통부 등 중앙부처와 산업 및 서비스 발전전략, 인력공급 전략, 인프라 공급 전략 등에 대한 합의를 통해 중앙 차원의 재정 지원 계획도 뒷받침되어야 한다.

이러한 다섯 과정을 거쳐 얻어진 광역 차원의 발전전략이 자치시/군의 지역 발전전략과 연계되어 정합성이 높아지게 되면, 그 효과 또한 자연스럽게 증가할 것이다.

지방의회

지역균형 발전은 지역 내에서 모든 지역을 고르게 발전시키는 것을 지향한다. 그러나 좀 더 자세히 살펴보면, 사전에 준비할 것이 너무 많아 생각만큼 쉽게 추진하기 어렵다. 실제로 재원 여건 등의 어려움이 많고 관련 제도의 총체적인 정비가 필요하기 때문이다. 이 가운데 중요한 것 중 하나가 지방의회와의 관계다.

현재 지방의회는 시와 군의 기초자치단체와 광역시와 도의 광역자치단체마다 각각 설치되어 있다. 지역균형 발전을 촉진하기 위해 앞서 혁신적인 방안으로 제안한 인구 100만 명에서 150만 명의 특별자치시로 행정구역이 제대로 개편되면, 이에 맞춰 지방의회 또한 자연스럽게 구조조정이 되기 때문에 문제가 없을 것이다. 하지만 만약 제안한 것처럼 행정구역이 개편되지 않는다면, 그 이전에 먼저 지방의회부터 혁신하는 것이 필요하다.

앞으로 대한민국에는 광역시나 도 단위에만 의회를 둔다. 광역시나 광역도 의원 총수는 기초 자치 시·군·구의 인구수를 감안해, 배정된 의원을 총수로 정한다. 그 대신 현재의 자치 시·군·구에 설치되어 있는 의회는 폐지한다. 기초 자치 시·군·구를 대표하는 의원은 광역시나 도 의회에서 상시 활동한다. 다만 1년 중 일정 기간을 정해 자신의 출신지인 자치 시·군·구에 가서 일정 업무(예산, 결산, 사무감사) 등을 본다.

따라서 의원은 자치 시·군·구 출신으로서는 광역시나 도 차원에서 지방자치단체를 주로 통제하고, 부수 업무로서 자치 시·군·구를 통제하는 임무를 지닌다. 이제는 광역시나 도에 소속된 의원으로서, 기초지자체의 시각이 아닌 광역 시정, 광역 도정 차원에서 업무를 봐야 한다. 이렇게 되면, 현재 직면한 각각의 자치 시·군·구 차원의 아주 세분된 지방자치 통제 등으로 인한 많은 문제점이 개선될 것이다.

총액예산 교부제도 도입

지방자치단체 공무원이라면 누구나 지방 재정의 경직성이 매우 높다는 불만을 토로한다. 지방 재정의 대부분이 중앙정부 예산과 매칭되어야 하는 경직성 예산이기 때문이다. 지방자치단체가 자율적인 의사결정을 통해 사용할 수 있는 예산이 거의 없다는 이야기다.

중앙정부로부터 지원되는 거의 모든 예산은 사전에 사용 목적이 정해져 내려온다. 지방자치단체는 이 예산을 중앙정부가 정해준, 사용 목적에 맞게 기계적으로 집행해야 한다. 게다가 중앙정부가 지방자치단체에 자율성이 있는, 소위 총액(Lump-sum, 일명 묶음)예산은 거의 주지 않고 있다.

이렇게 보면 지방자치단체에게 자율성 있는 예산이 거의 없다는 지자체 공무원의 불만도 일부 일리가 있다. 그러나 더욱 문제인 것은 지방자치단체가 사용하는 예산 집행 이후 성과에 대한 책임성 부족이다. 지방자치단체가 가장 역점을 두는 것은 중앙부처로부터 어떻게든 예산을 최대한 많이 확보하는 것이다. 그런데 그렇게 예산 확보 이후 성과는 어떠한지를 함께 봐야 한다.

지방자치단체는 중앙정부로부터 교부되어 온 예산을 사용하기만 하면 되는데, 효율적인 예산 사용 성과에 대해서는 다소 소홀할 때가 많다. 중앙정부가 특정한 정책 목적을 시행하기 위해 지방자치단체에 지원하는 개별 지원사업은 어쩔 수 없다고 하자. 지방자치단체가 중앙정부로부터 지원을 요청하는 다양한 일반사업 예산에 대해서는 성과를 높일 수 있도록 지원 방식을 혁신해야 한다. 어떻게 하면 중앙정부가 지방자치단체에 예산 운영의 자율성도 확대해 주고, 또 지원한 예산의 성과와 책임도 함께 높일 수 있을까?

과감하게 지방자치단체에 총액으로 예산을 교부하는 방안을 도입해 보자. 예를 들어, 17개 지방자치단체에 각각 3조 원씩 예산을 총액으로 지원한다고 가정하면, 중앙정부로서는 전체 총액 예산 지원 규모가 51조 원이 된다(만약에 수도권을 제외한다면, 14개 지방자치단체가 된다).

이런 총액예산을 교부할 때 중요한 조건이 있다. 중앙정부가 지방자치단체에 총액예산을 지원하는 대신, 국가가 정책 목적으로 교부하는 사업 이외에는 지방자치단체에서 중앙정부에 예산을 요구할 수 없다는 조건이다.

이런 조건제 총액예산 교부제도를 실행하면, 중앙정부는 예산 편성 과정에서 51조 원에 해당하는 사업을 따로 심사하지 않아도 될 뿐 아니라, 이 업무를 맡았던 인력을 다른 사업 심사에 투입할 수 있어서 예산 편성의 효율성을 높일 수 있다. 이는 중앙정부와 지자체가 서로 윈-윈(Win-Win)할 수 있는 방안이다.

실제로 현재 중앙정부 예산실에서 편성하는 예산 규모는 매년 커지고 있다. 그러나 그에 비해 예산실 인력은 늘지 않고 제한되어 있다. 따라서 적은 인력으로 매년 늘어나는 예산을 효율적으로 편성하는 데는 많은 애로가 있다. 만약 이러한 총액예산 제도가 도입된다면, 양쪽 모두에게 인력 운영과 예산 편성의 효율성을 동시에 높이는 방안이 될 수 있다.

지방자치단체는 중앙정부로부터 총액으로 교부된 3조 원의 예산을 자율 편성 예산으로 활용하여, 지역 실정에 맞는 사업별로 세부 예산을 배분해 운영하면 된다. 이는 지방자치단체의 장들이 지역 실정에 맞는 발전전략을 수립하고, 실제 환경을 제공하는 데 매우 큰 의미가 있다. 광역 지방자치단체가 중앙정부가 교부하는 총액예산의 자율 편성권을 전적으로 갖고 운영할 수 있기 때문이다. 다만 17개 지방자치단체의 장들은 자율적으로 총액예산을 편성한 후, 그리고 사용한 후에는 반드시 국민에게 그 상세한 내용을 모두 공개해야 한다.

중앙정부는 17개 지방자치단체장 등이 추천한 전문가들로 총액예산 편성 및 집행 평가위원회를 구성하여, 17개 시·도 자율편성 예산을 심사한다. 심사의 주된 내용은 총액예산의 세부 사업예산 편성에 대한 심사와 집행 상황, 성과 등에 대한 평가 업무이며, 심사 및 평가 결과를 국민에게 공개한다.

중앙정부는 이렇게 이루어진 17개 시도의 자율예산 편성 심사 결과를 반영하여, 17개 시도에 대한 차기 연도 총액예산 배정 규모 등을 결정한다. 그중에서 성과가 높은 지방자치단체에는 총액예산의 증액 편성 등 인센티브를 제공한다. 물론 성과가 낮은 지방자치단체에는 패널티를 부여한다.

이런 경쟁 시스템을 도입하여 지방자치단체에 총액예산을 배분하면 중앙정부, 지방자치단체 등 양쪽 모두 좋은 효과를 기대할 수 있다. 17개 지방자치단체의 총액예산에 대한 자체 세부 사업을 편성하기 때문에 지자체의 자율성을 높이는 한편, 이에 따른 지자체의 책임성도 강화할 수 있다. 결국 이런 경쟁 시스템의 도입은 지방 재정을 더 효율적으로 편성, 집행할 수 있어 높은 성과를 거둘 수 있다.

지방 공모제도

중앙정부는 지방에 배정될 사업예산과 관련하여 좀 더 효과적으로 배치할 지역을 선정하기 위해 전국 지방자치단체를 대상으로 공개 모집을 하고 있다. 사업 효과를 극대화할 수 있는 아이디어를 제시한 지방자치단체를 공정하게 선정하여 사업예산을 배정하는 방식이다. 일종의 공모제도다.

주목할 점은 이 공모제도의 장점이다. 중앙정부나 지방자치단체 입장에서는 공정한 사업예산 배정이 가능하기 때문이다. 공모제도가 공정성의 측면에서는 매우 좋은 제도인데도 효율성 측면에서는 문제가 없지 않다. 예를 들어, 중앙정부에서 공모사업 예산이 1개 나왔다고 하자. 분명 226개 지방자치단체 모두가 이 응모에 나설 것이다. 그리고 그 지방자치단체 공무원 모두가 응모를 준비할 것이고, 심지어는 용역까지 수행할 것이다.

이렇게 226개 지방자치단체가 응모 준비를 위해 노력한 시간과 예산, 노력의 총합을 생각해 보라. 그럴 뿐 아니라 중앙정부로선 226개 각각의 제안서를 평가해야 하고, 그중 지방자치단체 한 곳을 선정하는 데도 엄청난 예산, 시간, 노력이 소요될 수밖에 없다.

결국 226개 가운데 선정된 지방자치단체로선 기쁘겠지만, 나머지 떨어진 225개 지방자치단체는 허탈할 것이다. 하지만 그보다 더 애석한 점은 그 준비와 선정 과정에서 사라진 수많은 비용이다. 숫자로 표기할 수 없는 노력은 또 얼마나 되겠는가.

한 해만 하더라도 중앙부처가 공모하는 사업의 숫자는 차고 넘친다. 또한 이런 공모사업에 수많은 지방자치단체도 손 놓고 그냥 있지 않다. 각각의 공모에 응모하는 데 필요한 자료를 준비하느라고, 지방자치단체 고유의 일조차 제대로 하기 힘들 때도 적지 않다.

어느 지방자치단체장의 사례

처음 지방자치단체장으로 선출된, 소신 있는 분이 있었다. 그는 자신이 선출된 지역을 특화된 지역으로 발전시킬 꿈을 가지고 있었다. 재원도 특화된 분야 사업에 집중할 계획이었다. 그런데 어느 날 담당 과장이 와서 중앙부처에서 공모사업이 제시되었다는 소식과 함께 이 사업에 응모하기 위해 용역도 발주하고, 준비팀도 구성하겠노라 보고하였다. 그러나 지방자치단체장이 깊이 새겨들어보니, 담당 과장이 보고한 사업은 그 지방의 특화 발전전략과는 전혀 맞지 않은 사업이었다. 그래서 그는 응모하지 말라고 지시했다. 그러자 과장은 응모하지 않으면 오히려 더 큰일이 난다고 재차 보고했지만, 그는 이를 무시하고 거듭 응모하지 말라고 지시하였다.

그런 후 몇 개월이 지나 이번엔 다른 과장이 다른 중앙부처에서 공모사업이 나왔다는 소식과 함께 이번에도 응모 준비를 하겠다고 보고했다. 그 사업도 들어보니, 공모하면 충분히 선정될 수는 있겠으나 자신이 생각하는 지역 특화발전에는 맞지 않은 사업이었다. 그래서 이번에도 그는 응모하지 말라고 지시했다. 이렇게 해서, 해당 지자체에서는 다른 해에 비해 그해 공모사업에 대한 응모가 적었고 선정된 사업은 고작 1개에 불과했다. 그런데도 그 지방자치단체의 장은 흡족해했다. 비록 선정된 사업이 1개에 불과했지만, 거기에 많은 재원을 투입해 성과를 내겠다고 생각하니 자신이 제대로 된 행정을 하고 있다고 자랑스러워했다. 연말이 되자 지역 언론에서 난리 아닌 난리가 났다. 그해 그 지방자치단체의 총예산이 작년보다 대폭 줄었다는 보도였다. 지역주민들은 지자체장을 잘못 뽑았다고 바난하고, 심지어는 당장 물러나라는 데모까지 했다. 그런 일이 있고 난 다음 해가 되자 그 지방자치단체장은 중앙정부에서 나오는 모든 공모사업마다 무조건 응모하라고 지시하였다. 공무원은 다시 공모사업에 응모하기 위하여 각종 자료를 준비해야 했고, 또 중앙부처에 이를 설명하러 다니느라고 정신이 없었다는 이야기다.

중앙정부의 공모제도는 장점과 함께 문제도 많은 제도다. 사실 중앙부처 입장에서는 어떤 사업을 집행할 때 가능하면 공모사업으로 정하고, 관심 있는 지방자치단체가 응모하게 하고, 심사 과정도 해당 분야의 전문가들을 모아 심사하고, 그중 좋은 평가를 받은 지방자치단체에 예산을 배정하는 것이 가장 좋을 것이다. 이런 부분들이 제대로 잘 되면 공모제도는 중앙부처로서는 각종 책임으로부터도 자유로울 수 있는 아주 좋은 제도다.

그러나 지방자치단체의 입장에선 어떨까. 앞서 사례에서 보았듯이, 일단 공모 공고가 나면 어느 지자체든 기계적으로 거의 모든 공모에 응모할 수밖에 없고, 각각의 경우마다 응모하기 위해 준비하는 과정에서 많은 업무 부담과 재정적 부담이 생길 수밖에 없다. 그리고 최종 선정된 1개 지방자치단체를 제외한 다른 지방자치단체들은 그간의 노력에 대한 보상을 지역 자체의 부담으로 감당해야 한다.

이와 관련해 다른 방안을 제안한다. 지방자치단체가 지역 발전전략을 수립하도록 하고, 그 지역 발전전략과 연계성이 높은 사업예산에 대해서만 지방자치단체가 응모할 수 있도록 제한하는 방안이다. 이것은 모든 지방자치단체가 응모에 참여하는 것이 아니라 그 참여 수를 제한하는 방안이다. 모든 지방자치단체가 응모하더라도 지역 발전전략과 맞지 않는 사업일 경우에는 설령 그 지역에 배당된다고 하더라도 지역발전에는 큰 의미가 없기 때문이다.

또 다른 방법도 있다. 지방자치단체별로 연간 중앙정부의 공모사업에 응모할 수 있는 횟수를 제한하는 방안이다. 이 방안은 지방자치단체가 모든 공모사업마다 응모할 수 없도록 함으로써, 응모 시 선택과 집중 전략을 유도할 수 있다.

공모제도가 갖는 공정성의 장점을 살리면서, 공모에 과도하게 응모하는 사례를 막기 위해 이를 제한하는 제도 도입이 필요하다. 앞서 살펴본 '총액예산 배정방식'은 이런 공모제도의 문제점을 보완하는 한 방안일 수 있다. 지방자치단체에 총액예산으로 배정해주면, 그만큼 지방자치단체가 응모해야 할 공모예산 사업은 줄어들기 때문이다.

지방 유휴시설 활용

지방마다 현재 제대로 활용되지 못한 채로 있는 유휴시설이 많다. 각종 문화시설, 박물관 등이 그중 대표적인 사례다. 이 시설들은 주로 하드웨어 중심으로 운영되고 있다. 시설 내부에 포함되어야 할, 일명 볼거리인 소프트웨어는 오래되었거나, 또는 새로운 투자가 제대로 되지 않아 구경할 만한 것이 거의 없는 경우다. 관광객은 볼거리가 없으면 오지 않는다. 관광객이 오지 않으니, 시설 개선이나 볼거리에 투자도 안 한다. 그런데도 건물과 운영 인력은 그대로 유지해야 해서 예산은 계속 들어가고, 날이 갈수록 적자 상황이 지속된다. 하지만 법령상 용도가 정해져 있어서 다른 용도로 전환할 수도 없다. 어쩔 도리가 없는 상황이다.

여기에 한몫 더하는 것이 바로 급격한 인구 감소다. 줄어드는 인구로 국내 관광객도 잇달아 줄어들 수밖에 없는 것은 분명하다.

따로 외국인 관광객을 유치시키지 않는 한 수요는 급속히 줄어들 것이다. 따라서 지방 발전을 위해서는 이런 유휴시설들에 대한 활용도를 획기적으로 높여야 한다.

지역별 소재 유휴시설을 전수조사하자. 이를 통해 구체적인 활용 현황을 정확히 파악해, 용도에 맞게 잘 활용되는 시설은 제외하고 실적이 부진한 시설의 현황을 철저히 조사하자. 유형별로 연간 적자 상황 등도 밝혀내자. 개별법상 용도 전환과 관련된 제한 규정도 심도 있게 파악하자.

전수조사 결과를 토대로 새롭고 획기적인 활용방안을 모색한다. 추가 예산을 투입하여 애초 목적사업의 활용도를 높이는 것은 물론 제1 방안일 것이다. 그러나 원래 목적사업으로 활용도를 높이기 힘들다면, 다른 목적사업으로 과감히 전환하자. 새로운 사업을 위하여 추가 시설이 필요하면, 그 적절성을 파악하되 새로운 시설 투자는 최소화하자. 동시에 기존 시설물을 적극적으로 활용할 수 있는 방안을 최대한 모색하자. 법령상 용도 전환 시 제한이 따른다면, 함께 제도개선 방안도 강구하자. 만약 개별법상 제한이 있다면, 현행 개별법을 개정하기보다 특별법을 제정하여 일시에 활용도를 높이자.

브레인풀 제도

　　브레인풀(Brain Pool : BP)제도는 국내외 우수 교수 또는 우수 연구 인력 등을 국가가 채용하거나 대학 또는 연구기관에서 특정 기간 근무하게 함으로써 주요 연구와 강의 활동을 보장하는 제도다.

　　선진국에 비해 첨단기술 분야의 수준이 낮고 축적된 경험이 다소 부족한 우리나라는 1994년부터 해외 우수 동포학자 등을 초빙해 대학, 연구소, 산업현장 등에서 이 제도를 폭넓게 활용해왔다. 이와 함께 1급 이상 역임한 고위 공무원에게도 대학에서 강의, 교육 등의 기회를 부여하는 BP제도를 운용하고 있다. 이 제도 역시 당사자의 오랜 공직 경험을 대학 등에서 활용하기 위한 것인데, 주로 수도권 이외의 대학에만 적용하고 있다.

　　공직자의 BP제도를 대학에서만 운영하는 것보다 기초 시/군에도 활용할 수 있는 혁신적인 방안을 적극적으로 제안한다. 사실 기초 시/군에서는 중앙부처에서 근무한 고위 공무원의 정책 수립 능력과 경험이 절대적으로 필요하다. 따라서 BP제도를 도입하면 지역의 특화 발전전략 수립 등에 중앙부처의 경험을 널리 활용할 수 있다.

　　그러나 지금처럼 수도권 이외의 대학에만 보내는 고위 공무원의 BP제도는 혁신할 필요가 있다. 기초 시/군에까지 확대해 활용함으로써 지역발전 등을 위한 정책 추진에 고위 공무원의 적극적인 역할을 끌어낼 수 있다.

인구 100만 명 또는

150만 명의 특별자치시를

만들어 전 세계에서

국내에서 가장 잘할 수 있는

산업이나 서비스 분야를

찾아내자

복지
혁신

한국형 기본소득 제도 도입

한국형 기본주택 제도 도입

청년 정책

혁신

07

복지라고 하면 한편에선 흔히 '일방적으로' 베푸는 시혜로만 알고 있다. 이를테면 도와준다, 보살펴준다, 베풀어준다 등 혜택을 주는 자가 수혜자에게 일방적으로 도움을 주거나 지원하는 것으로 여긴다. 다른 한편에서는 복지를 비용, 부담 등으로 생각한다. 즉 국가가 가난한 자에게, 강자가 약자에게, 일방적으로 베풀 때 발생하는 비용으로 인식한다.

과연 복지는 시혜이고, 비용이고, 일방적인 것일까. 그렇지 않다. 복지는 국민의 당연한 권리다. 또한 복지는 공존, 평화, 상생, 안전 등을 사회에 제공함으로써 공동체의 유지비용과 부담을 감소시킨다. 복지는 베푼 자에게도 공동체의 평화와 안전 등의 효과가 있어 복지 제공자나 수혜자 모두에게 도움이 된다.

결국 복지는 함께 사는 공동체를 건강하게 발전시키고 더불어 잘살 수 있는 행복한 사회로 만드는 근간이다. 그런 측면에서 복지는 국가와 사회를 유지하는 데 필요한 요소 중 하나다.

국가가 해야 할 가장 중요한 것 중 하나는 바로 '의식주' 문제 해결이다. 한마디로 대한민국 국민은 누구나 굶지 않아야 하고, 비바람을 막아줄 사는 곳이 있어야 하고, 기본적인 교육과 의료의 혜택을 받아야 한다. 이 네 가지는 국가의 기본적인 책무다.

지금 대한민국의 경우, 초·중·고교까지의 의무 교육은 국가가 모두 책임진다. 의료보험 또한 세계 최고 수준을 갖추고 있어 누구든지 병원 치료에 부담감이 없다. 그러나 문제는 기본적인 생활을 영위할 수 있는 수입·생활비와 가족이 거주할 주택 문제다. 이 두 가지 문제만 잘 해결하면, 국민이 행복한 선진복지 국가가 될 수 있다.

현재 정치권에서 기본소득과 기본주택 문제를 중요 쟁점으로 삼고 있는 이유도 여기에 있다. 과연 대한민국 국민 누구든지 기본소득과 기본주택을 누릴 수 있는, 선진적인 복지 정책은 어떻게 실현해야 하는가. 현시점에서 혁신적으로 생각하여 한국형 기본소득 제도와 기본주택 제도의 도입은 가능할까.

한국형 기본소득
제도 도입

기본소득 제도는 일반적으로 '국가가 국민 누구에게나 수입과 관계없이, 매월 일정한 금액을 균등하게 제공해 주는 것'을 말한다. 이렇게 전 국민에게 소득에 상관없이 매월 일정한 금액을 지원하면, 엄청난 재원이 소요될 수밖에 없다. 가령 전 국민에게 매달 50만 원씩 지원한다면 1인당 1년에 600만 원, 5,000만 명에게 똑같이 지급하면, 연간 300조 원의 재원이 필요하다. 이 엄청난 재원은 현재 기준 대한민국의 복지 고용 예산 200조 원('21년 기준)으로는 감당하기 어렵다.

기본소득 제도의 효과도 논쟁거리다. 예컨대 연간 10억 원의 고소득자가 굳이 매월 50만 원을 받을 필요는 없다. 그에 반해 전혀 수입이 없는 국민이라면, 한 달 50만 원으로는 기본적인 생활조차 불가능하다. 이런 점 때문에 통상적으로 언급되는 기본소득 제도를 지금의 대한민국에 도입하게 되면, 재정 소요는 큰 데 반해 그 성과는 효율적이지 않다는 주장이 있다.

그 대안으로 '한국형 기본소득 제도'의 혁신적인 도입방안을 제안한다. 이 제도의 도입에 앞서 주요 전제가 있다. 대상이 되는 가구는 기존 복지 시스템을 모두 적용하지 않고, 한국형 기본소득

제도에만 적용한다는 것이다. 이렇게 형평성 있게 제도를 운용하면, 다양한 복지제도의 전달체계도 단순화 될 수 있고, 복지제도 운용 측면에서도 효율성이 제고될 것이다.

한국형 기본소득제 도입 방향

혁신적 사고로 제안하는 한국형 기본소득제도는 다음 세 가지 의미를 갖고 있다. ① 대한민국의 모든 국민이면 누구든지 ② 기본적인 삶을 영위하는 데 필요한 소득(기본소득)을 ③ 반드시 확보할 수 있도록 해주는 것을 목표로 한다. 한마디로 국민이면 누구나 인간으로서 최소한의 기본적인 생활을 유지하도록 국가가 보장해 주는 제도다.

한국형 기본소득 제도를 적용한 예를 들어보자. 4인 가구라고 치고, 어떤 가구든 월 200만 원의 소득을 보장받도록 국가가 지원한다고 가정하자. 월수입 200만 원보다 적은 가구는 부족한 금액을 국가가 지원한다. 반대로 해당 가구의 월수입이 200만 원을 넘으면 국가 지원을 중단한다. 국가는 지원 대상인 가구가 200만 원보다 적으면 체계적이고 객관적인 데이터를 기반으로 지원한다. 이를 위해 국가에서는 가구별 구성원의 근로 및 소득 상황 등에 대한 정확한 정보를 갖고 있어야 한다.

만약 어떤 한 가구의 가구원이 모두 장애 등으로 근로할 수가 없는 상황이고, 이에 따라 소득이 발생하지 않는 것이 확인되면 국가가 나서서 200만 원 전액을 지원하면 된다. 그런데 어떤 가구에 근로할 수 있는 가구원이 일시적으로 직업이 없어서 수입이 없고 국가의 지원을 받을 수밖에 없다면, 그 가구원에게 국가가 직업훈련, 기술 교육 등을 대상에 따라 의무화하고, 소정의 훈련과 교육 이후 적절한 취업도 알선하는 등의 기회를 얻도록 해준다.

물론 이 기간에는 국가가 월 200만 원을 계속 지원한다. 그런 뒤 이 가구가 직업 교육 등을 통해 다시 일자리를 갖게 되어 월 200만 원이 넘는 수입이 발생하면, 국가 지원을 종료한다. 이처럼 가구별 근로 능력 유무, 자활 상황, 직업훈련 여부 등 데이터를 바탕으로 과학적으로 운영하는 점이 바로 한국형 기본소득제도의 기본 틀이다.

4인 가구 기준으로 월 200만 원이므로, 3인 가구, 2인 가구, 1인 가구의 경우에는 1인당 50만 원의 기본소득을 차감 지원하면, 150만 원, 100만 원, 50만 원이 된다.

이러한 혁신적이고 탄력적인 한국형 기본소득 제도는 국가가 일정 소득을 무조건 지원하는 것이 아니라, 국가가 적극적으로 나서서 ① 직업훈련, 기술 교육 등을 제공하고, ② 일자리를 적극적으로 창출하여, ③ 취업시켜 소득이 생기면, ④ 국가 지원을 중단하는 형태다. 따라서 국가가 어떻게 적극적으로 노력하는지에 따라 국가의 재정 부담을 크게 줄일 수 있는 제도다.

만약 국가가 일자리를 대거 창출하여 모든 가구가 일자리를 가져서 기본소득 이상의 소득을 받는다면, 국가 지원은 영(Zero)이 된다. 국가의 승리다. 하지만 다른 극단적인 경우도 생각할 수 있다. 만약 국가가 일자리도 제대로 창출하지 못하고, 교육 훈련도 제대로 시킬 수 없어 일자리를 구하는 모든 가계가 일을 찾지 못해 가구원의 소득조차 생기지 않는다면, 국가가 해당 가구의 기본소득을 전액 지원할 수밖에 없다. 이런 경우, 국가의 재정 소요는 천문학적으로 늘어날 것이다.

복지청과 일자리 및 직업훈련청 신설

국가는 가구별로 근로 가능자와 근로 불가능자 등에 대한 현황 데이터를 보유하고, 이를 지속적으로 보완해야 한다. 이 데이터를 토대로 매년 기본소득 적용 규모와 직업훈련 수요 등을 추산해야 한다. 가구별 한국형 기본소득 지원을 위해 ① 복지청, ② 일자리 및 직업훈련청의 신설을 제안한다. 이 두 기관이 한국형 기본소득 지원 등 복지 업무를 전담하도록 해야 한다.

복지청은 한국형 기본소득 대상 가구별 복지 급여에 대한 관리 업무를 전담한다. 즉 가구별 구성원과 근로 가능 여부, 소득 상황 등에 대한 자료를 축적·관리하며, 이를 바탕으로 기본소득 관리 등 복지 수급을 관리한다.

일자리 및 직업훈련청은 급여 대상 가구 구성원 중 근로 가능자에게는 직업훈련과 기술 교육 등을 시키고, 과정 이수 후 이들이 일자리를 찾는 일을 돕는 업무를 수행하도록 한다. 복지청에서는 이들의 취업 여부 및 월 소득 등의 자료를 관리한다. 일자리 및 직업훈련청의 조직은 행정안전부, 보건복지부, 고용노동부의 기존 조직을 재설계하여 우선 활용하고, 부족한 인력은 증원하면 된다.

한국형 기본주택 제도 도입

한국형 기본주택이란 무주택자에게 국가가 공공주택 등을 제공하는, 국가 지원 기본주택을 말한다. 따라서 국가는 집이 없는 저소득 가구에 저렴한 비용의 주택을 임대할 수 있도록 일정 물량의 공공주택을 지속해서 보유해야 한다.

특히 최근 변화하는 가구 및 인구 구조의 추이 등을 살펴서 다양한 형태의 공공주택을 제공할 수 있어야 한다. 예를 들어 4인 가구이면 30평형, 3인 가구이면 25평형, 2인 가구이면 18평형, 1인 가구이면 10평형 규모의 공공주택을 원하는 국민에게 저렴하게 제공해 주는 것이다.

이때 입주 자격의 기준은 한국형 기본소득 기준보다 상향된 기준을 적용할 수 있다. 즉 한국형 기본소득 수혜자에게는 1순위 자격을 부여한다. 1순위 가구로 채워지지 않을 때는, 한국형 기본소득 대상 가구 기준인 월수입 200만 원보다 50%가 많은 가구에게 2순위 입주 자격을 부여할 수 있다. 예를 들어 4인 가구의 월 소득이 200~300만 원 이하면, 2순위 입주 대상 자격을 부여한다. 다만 이 경우는 국가가 한국형 기본소득 지원 대상자보다 할증해서 임대료를 받는다.

그런데 국민의 자가소유 주택에 대한 열망이 높으므로 국가에서는 될 수 있으면 민간주택 공급을 확대하여 자가소유 주택자를 늘려나가는 정책을 추진하고 있다. 따라서 이러한 정책을 감안해 한국형 기본주택의 공급물량도 잘 예측하여 조정해야 한다.

한국형 기본주택을 지원받는 가구도 거의 저소득층 가계다. 복지청은 이들 대상자의 가구별 구성원에 대한 소득 정보 등을 받아서 대상자를 검토하고, 일정 소득 이상을 소득으로 얻는 가계에 대해서는 임대 기회를 종료하는 등의 관리를 체계적으로 해야 한다.

일자리 및 직업훈련청의 교육을 이수한 후 고소득 일자리로 취업이 성공할 경우, 해당 정보를 복지청 데이터와 통합 정리하여 공공주택 임대부서와 반드시 연계시켜야 한다. 이런 과정을 거쳐 한국형 기본소득 가구에 대한 전체 데이터가 한국형 기본주택 입주자격 등을 관리하는 데 적극적으로 활용될 수 있도록 해야 한다.

청년 정책

현재 정부나 사회에서 제공하는 청년 정책은 별 효과 없이 대부분 나눠주기식에 머물고 있다. 관련 정책의 우선순위도 뒤죽박죽이다. 그냥 청년에게 임시방편으로 조금씩 나누어 주는, 흔히 말해 소멸성 정책이 대부분이다.

이러한 정책은 오히려 청년을 마약처럼 병들게 만든다. 고기 잡는 법을 알려줘야 하는데, 그냥 고기를 나눠주는 정책만 펴고 있다. 이렇게 해서는 대한민국 청년에게 미래도 없고 꿈도 갖기 어렵다. 청년을 위한 실질적이며 효과적인 정책을 제안한다.

일단 청년에게 희망을 갖도록 해야 한다. ① 청년에게 직업이나 창업의 기회를 많이 제공한다. ② 청년이 독립적으로 살아갈 주거 문제도 함께 해결한다. ③ 청년이 꿈과 희망을 갖도록 도전 의지를 키워준다. ④ 국내에만 안주하지 말고 해외에도 기회가 있음을 일깨워준다.

기업수요 맞춤형 기술교육과 창업

무엇보다 청년에게 기업수요 맞춤형 취업 기회를 제공해야 한다. 즉 기업별로 필요한 인재에 대한 수요(Speck)를 제출받아 필요한 기술 교육 등을 시킨 후 맞춤형 인재를 기업에 공급한다. 기업이 당장 필요로 하는 인력의 전문지식이나 기술 수준에 대한 수요를 반영한 것으로써 정부에서는 이에 부합하는 훈련을 거쳐 즉시 활용할 수 있는 인력을 해당 기업에 제공하는 방식이다.

만약 기업의 수요에 부합하는 지식이나 기술 수준을 갖춘 인력이 이미 있다면, 그 인력을 발굴하여 요구하는 기업과 연결해야 한다. 하지만 기업이 요구하는 기술 수준을 갖춘 인력이 아직 없다면, 요구하는 기술 수준에 맞는 직업훈련 등이 반영된 맞춤형 교육프로그램을 만들어 이수시켜야 한다.

교육 방법은 두 가지다. 먼저 현장이나 기업에서 요구하는 인재 수요를 받아서 중장기적으로 대학/대학원 등 정규 교육시스템을 거치게 하는 것이 가장 기본적인 교육 방법이다.

하지만 정규 교육시스템을 통한 인력 제공이 원활하지 않다면 단기, 중·장기 직업훈련을 통해서도 필요 인력을 제공해야 한다. 이를 위해 중·단기 교육 훈련 프로그램도 많이 만들어야 한다. 따라서 수요 맞춤형 인력이 원활히 공급될 수 있도록 하려면 현행

'대학 교육'이나 '직업훈련' 시스템에 대한 과감한 구조조정이 필요하다.

이런 교육 혁신이 이루어지면 청년의 일자리는 늘어나고, 취업 문제도 해결될 것이다. 지금은 과감한 교육 혁신으로 일자리 및 직업훈련청을 만들어 청년 인재 양성 및 청년 취업 업무를 체계적으로 수행해야 할 때다.

물론 청년으로서는 대기업이나 중소기업 등에 취업하는 것을 선호한다. 그러나 그에 못지않게 청년에게는 창업도 중요한 취업의 하나일 수 있다. 그리고 창업을 희망하는 청년에게는 가능하면 기술창업을 할 수 있도록 해줘야 한다. 기술을 기반으로 다른 사람과는 차이가 나는 독창적인 창업이다. 창업과 관련하여 앞서 언급한 성장 전략을 청년 창업에도 반드시 적용해야 한다.

청년 멘토 활용

청년이 취업이나 창업에서 성공하려면, 경제·사회적 상황이나 미래진로 방향 등에 대한 명확한 인식이 필요하다. 그런데 일반적으로 청년은 경험이 부족하고, 자본도 없고, 미래의 구체적인 변화 방향 등에 대해서도 정확히 알기 어렵다. 청년 창업이 성공하려면, 이러한 부족 부분들을 메워 주는 국가와 사회적 차원의 역할이 꼭 필요하다.

이를 보완하는 방안으로, 사회적으로 벤처창업에 성공한 CEO 등을 청년 창업의 멘토로 위촉하고, 각각의 전문성을 겸비한 멘토별로 관심이 있는 청년을 연결한다. 청년이 각 멘토의 성공 경험, 실패 경험 등을 듣고 배움으로써 처음 가보는 창업의 길에 대한 위험부담을 사전에 줄여서 성공 가능성을 높여준다.

퇴직한 전문가를 청년과 연결해 함께 창업하는 세대 융합 창업도 고려한다. 경험자의 노하우와 청년의 도전 의식을 결합하면 사업 성공의 확률도 높일 것이다. 이런 과정을 통해 청년의 사회에 대한 인식을 보다 현실화하고, 청년 스스로 진로와 방향을 잡는 데 도움을 줄 수 있다.

청년 주거 해소 : 빈방 공유

청년이 자립하는 데 가장 큰 비용이 드는 것이 주거비다. 정부에서는 청년주택, 공공 임대주택 등을 통해 청년에게 저렴한 주거를 제공하려고 한다. 다만 이렇게 하려면 큰 비용과 장기간이 소요되기 때문에 단기간에 청년 주거 문제를 해결하기란 쉽지 않다.

단기 해소 방안으로 '빈방 공유' 방안을 혁신적으로 제안한다. 통상적으로 노년과 장년층의 경우 자녀들이 분가하거나 출가하고 나면 비워두고 있는 빈방이 꽤 있다. 바로 그 빈방을 청년과 공유하는 정책을 제안한다. 물론 노장년층의 빈방 공유를 유도하는 정부의 적절한 인센티브가 필요하다. 빈방을 저렴하게 제공하는 노장년층에는 보상으로 소득세를 일부 경감시켜 주는 방법이다. 이렇게 빈방을 제공하는 노장년층과 청년과의 지속적인 연계 시스템 등은 국가가 계속 제공한다.

해외 진출 촉진

청년의 사회적 경쟁이 치열한 것은 국내에서만 직장을 찾거나 창업하려고 하기 때문이다. 이런 국내 경쟁의 완화를 위해 청년을 더 넓은 세계로 진출시키는 것도 대안일 수 있다. 이를 위해 아래와 같은 방안을 제안한다.

먼저 한국에서 성공한 업종의 성공 비즈니스 모델을 청년에게 교육한다. 성공한 업종에 대한 철저한 분석 및 체계적인 기술 교육 등이 포함된 창업 시 요구되는 필요 사항을 교육한다. 이를 통해 청년에게 성공 비즈니스 모델에 관한 내용을 충분히 숙지시킨다. 사실 국내에서 성공한 경험을 지닌 비즈니스 모델은 해외에서도 성공할 가능성이 크다.

여기서 한 걸음 더 나아가 청년이 학습하고 숙지한 성공한 비즈니스 모델이 진출하는 데 적합한 해외 국가를 모색한다. 필요시 청년이 선택한 해외 국가의 비즈니스 파트너도 찾아본다. 외국 대사관의 인턴이나 해외에 진출한 국내 기업의 인턴 등을 활용해 청년이 진출하려는 나라에 대한 사전 적응 기회도 제공한다.

청년에게 영어는 물론 진출하려는 나라의 언어를 교육하고, 정치, 경제, 사회 상황 등에 대한 폭넓은 지식을 제공한다. 이러한 단계별 사전 준비 등을 갖춰 해외로 진출하려는 청년에게 정부는 해외 창업에 필요한 재정 지원 등을 연계시킨다.

기본소득과 기본주택을

누릴 수 있는, 선진적인

복지 정책을 어떻게 실현하는가.

한국형 기본소득 제도와

기본주택 제도의

도입은 가능할까

교육
혁신

어떤 인재로 키울 것인가
유-초-중-고 교육 혁신
초-중-고-대학 학제 개편
고등교육(대학) 혁신
직업훈련 혁신

혁신
08

지금 대한민국은 인재 육성의 측면에서 큰 문제에 직면해 있다. 첫째, 국내적으로는 저출생 등으로 인해 일하는 인력이 계속 감소하고 있다. 과거 1년에 100만 명의 아기가 출생하던 시대에서 현재는 25만 명 미만이다. 이를 해결하려면, 출생률 제고를 추진함과 동시에 현 인재를 생산성 높은 인재로 육성해야 한다.

교육 혁신에 대한민국의 미래가 달렸다. 대한민국 인재 육성시스템을 총체적으로 혁신해야 한다. 다음 일곱 가지는 깊이 유념해야 한다.

① 초중고 및 대학교 정규 교육 과정에서 세계 1등 인재를 키우도

록 혁신해야 한다. 그러려면 적성 교육을 강화해야 한다.

② 선행 교육, 군 복무 등을 감안하여 학제를 개편하자.

③ 직업훈련이 현장에서 성과가 나도록 혁신해야 한다. 부처의 직업훈련 교육을 연계, 통합 운영해야 한다.

④ 고령화 시대에 대비 평생교육을 활성화해야 한다.

⑤ 청년에게 신산업 교육을 전공과 관계없이 시켜야 한다.

⑥ 일하고 싶은 노인이 일할 수 있도록 해야 한다.

⑦ 여성 인력이 일할 수 있도록 해야 한다.

어떤 인재로 키울 것인가

2023년 기준 한국의 출생률은 OECD 국가 중 가장 낮은 0.67%다. 연간 25만 명 이하의 아이들이 태어나고 있다. 과거 연간 100만 명이 출생하던 것에 비하면 25% 수준에 불과하다. 이에 반해 노인 인구(65세 이상)는 2023년 한 해만 하더라도 44만 명이 늘었다. 노인 인구 비율은 2020년에는 15.7%였고, 앞으로 2060년경이 되면 44%에 이를 것으로 전망되어, 심각한 문제다.

노인 인구 비율(예측) : (2020) 15.7% → (2025) 20.3% → (2060) 43.9%

현재 생산 활동에 종사하는 인구 4명이 노인 1명을 부양하지만, 앞으로는 이 비율이 점점 더 올라갈 것이다. 따라서 중장기적으로는 생산 인구(아기)보다 부양받아야 할 인구(노인)가 훨씬 많아져 대한민국 사회는 지속 가능하지 않은 국가적 상황에 직면할 것이라는 불길한 암운이 드리우고 있다.

노인/생산가능인구 : (2020) 0.217 → (2021) 0.229

신생아 출생률은 갈수록 줄고, 노인 인구수는 급격히 늘고 있는 이 심각한 대한민국의 사회적 상황을 우리는 어떻게 해결할 수 있는가? 일단 출생률을 높이는 방안을 가장 첫 번째로 추진해야 할 국가정책으로 정해야 한다. 그러나 이와 함께 매년 25만 명 이하의 출생아 비율을 지금보다 4배 이상으로 끌어올릴 획기적인 방안이 필요하다. 이렇게 되면 과거 100만 명의 출생률 효과가 있을 것이다.

이를 위해 교육의 생산성을 높여야 한다. 이는 교육 혁신을 통해 가능하다. 출생률과 교육체계는 긴밀히 맞물려 있기 때문이다. 교육의 생산성을 높이기 위해 어떻게 혁신해야 할까.

교육 혁신의 방향은 분명하고 명확해야 하고 실천할 수 있어야 한다. 지금의 전 과목을 총합하여 대한민국에서 1등, 2등 순위를 정하고 있다. 앞으로는 총합 인재보다는 어느 한 과목이든 전 세계적으로 1등을 하는 인재를 길러내는 방향으로 가야 한다. 그래야 글로벌 경쟁에서 승리할 수 있는 인재가 길러진다.

대한민국은 어떤 인재를 키울 것인가? 골고루 전 과목을 조금씩 잘하지만, 어느 한 과목도 확실하게 잘하는 게 없는 학생을 키울 것인가? 아니면 전 과목을 다 잘하지는 못하지만, 한 과목을 확실하게 잘하는 학생을 키울 것인가? 물론 모든 과목을 다 잘하는 학생을 키우는 것이 가장 좋을 것이다. 그러나 현실적으로 그런 학생은 극히 소수에 불과하다. 지금 대한민국 교육의 목표는 모든 학생을 다 잘 키우는 데 있다.

학생마다 가장 소질이 있는 적성을 찾아내어 이를 강화하는 교육을 하자. 우리의 교육은 개개인이 가장 잘할 수 있는 적성을 발굴하는 일부터 해야 한다. 그런 다음 이를 최고로 강화하여 세계 최고의 인재를 만들어내는 '적성' 강화 교육을 과감히 추진해야 한다. 이를 통해 국민 1인당 생산성을 최대한 높여야 한다.

유치원-어린이집 단계에서부터 초-중-고등학교까지 연결된 대한민국 교육시스템을 이제는 혁신하지 않으면 안 된다. 평균 개념을 적용하는 것을 과감히 혁파하고 개인별 적성을 찾아주고 이를 강화하는 교육으로 과감하게 바꿔야 한다.

물론 저학년 교육은 일반적인 기본지식 교육부터 출발하는 것이 당연하다. 그러나 학년이 오를수록 학생 본인이 가장 잘하는 '적성'을 찾아주고, 이 적성을 최대한 개발하는 방향으로 지금의 교육시스템을 혁신해야 한다.

유-초-중-고 교육 혁신

유아기부터 잠재된 '적성'을 발굴해내는 다양한 교육을 추진해야 한다. 구체적인 방법은 아래와 같이 추진할 수 있다.

① **(국가)** 유아 교육기부터 그 아이가 어디에 가장 소질이 있는지 개별적 적성을 찾아주는 측정 방법을 심도 있고 사려 깊게 개발하여 교육 관계자에게 제공해야 한다. 교육기관은 유아에게 맞는 다양한 프로그램을 제공하고, 적성개발 프로그램을 교육 과정에 반영한다. 유아에게는 언어, 수리, 과학, 예술, 체육 등 흥미로우면서도 다양한 프로그램을 수준에 맞게 제공한다. 이러한 프로그램을 통하여 유아의 적성이 무엇인지를 여러모로 찾아낸다. 그리고 개별 적성을 찾아낸 이후, 이 적성을 강화하는 방향을 고려한 교육 매뉴얼이나 프로그램 등을 개발한다.

② **(부모)** 어릴 적부터 유아의 적성이 무엇인지를 잘 관찰해야 한

다. 유아가 흥미를 느끼는 '적성'을 정부가 제공하는 측정 방법 등을 적용해서 지속적으로 찾아낸다. 유아의 적성을 빨리 발견하는 데 노력한다.

③ **(학교)** 유치원, 어린이집 등에서는 유아의 적성을 찾아주는 적성 전문교사를 배치한다. 이들이 학부모, 유아의 친구 등과 소통하고, 전문 적성 테스트 등을 통해 유아의 적성 발견시스템을 구축한다.

④ 학교나 학부모는 유아가 흥미를 지속할 수 있도록 노력하고, 유아가 싫증 내지 않고 몰두하는 분야가 어떤 분야인지 등을 살피면서 적성기록부를 작성한다.

이 적성기록부는 유아부터 초·중·고까지 이어져 상급 교육기관에서도 학생의 적성을 최대한 빨리 찾을 수 있도록 한다. 적성을 찾은 이후에는 적성 강화 교육을 한다. 이때 다양한 적성개발 교육프로그램, 교육 과정 개발 같은 후속 조치도 함께 진행한다.

초등학교부터 본격적으로 개인 적성을 발견하도록 학교별로 적성 발굴 전문교사를 배치한다. 적성 전문교사는 유치원, 가정, 어린이집 등에서 넘어온 적성기록부를 토대로 학생과 지속해서 면담하고, 담임교사와의 소통, 부모와의 상담 등을 통하여 대상 학생의 적성이 무엇인지를 적성기록부에 기록한다.

적성 전문교사는 담당 학생의 적성이 있다고 생각되는 분야에 대한 교육을 점차 강화(일부 심화교육)할 수 있도록 학교나 부모에게 권고한다. 적성 전문교사는 초등학교 6년간 다양한 테스트 등을 통해 해당 학생의 적성이 어디에 있는지를 계속 관찰하고 모니터링한다.

중학교 때부터 그동안 발견된 학생의 적성을 점차 강화하는 심화교육을 시행한다. 확실한 적성이 발견된 학생이라면, 오전에는 일반교육을, 오후에는 학교 내 또는 외부에서 적성 관련 심화교육을 받을 수 있도록 학제를 개편 운영한다.

고등학교로 진학하면 중학생 때 적성이 확인된 학생에 대한 심화교육을 더욱 적극적으로 시행한다. 오전에는 일반적인 교육을 하고, 오후에는 적성 심화교육을 한층 강도 높게 시행한다. 필요하면, 오후에는 적성개발 수준에 따라 한 단계 높은 개인 교육 또는 대학 수업 청강 등의 심화교육을 강화한다. 대학 교육 과정 정도의 심화교육을 통과하면, 곧바로 조기 대학 진학도 가능하도록 월반제도를 도입한다.

초-중-고-대학
학제 개편

지금은 8세에 초등학교에 입학해 6년, 중학교 3년, 고등학교 3년, 대학교 4년 등 총 16년간의 교육 과정을 이수하는 체제다. 즉 6-3-3-4제다. 남자라면 징병제로 인해 약 2년 정도 군에 복무하니, 빨라야 26세가 되어야 사회에 진출한다. 경쟁 선진 국가에 비해, 사회 진출이 약 2년 늦어지는 셈이다.

사회 진출 지연으로 첫 직장도 늦게 갖고, 이로 인한 경제적 손실도 매우 크다. 게다가 직장을 가져야 결혼하는 요즘, 결혼도 늦어지고 있다. 출산 역시 늦어져 저출생의 한 원인이 되고 있다. 이처럼 연쇄적인 나쁜 효과를 가져오고 있는 학제가 지금과 같이 그대로 유지되어야 할 필요가 있을까.

6세부터 어린이집 또는 유치원 교육을 2년간의 공교육으로 편입하자. 그 대신 초-중-고-대학 학제를 일부 조정한다. 현재의 초-중-고-대학 과정 6-3-3-4제 대신 유아교육 2년-초등 5년-중등 2년-고등 3년-대학 4년의 학제로 개편(2-5-2-3-4)할 것을 제안한다. 초등학교와 중학교 과정이 현재보다 각각 1년씩 줄지만, 공교육에 포함되는 유아교육 2년까지 감안하면, 전체 공교육 기간은 16년으로 변동 없다.

2년간 유아 교육비는 국가에서 부담한다. 따라서 현재 학부모가 부담하는 사교육비는 경감될 것이다. 6~7세에게 소요되는 공교육비는 초등학교 과정에서 1년 단축, 중학교 과정에서 1년 단축에 따라 줄어든 비용으로 충당하면, 2년을 추가하는 것에 따른 공교육비 증가는 없을 것이다.

이렇게 학제를 개편하면, 청년의 사회 진출이 지금보다 2년 당겨진다. 학제가 조정되는 만큼 사회 진출이 빨라져 경제적인 이익도 커지고, 직업을 빨리 가지면서 결혼 연령이 빨라지고, 출생에 미치는 영향도 매우 긍정적인 결과가 예상된다.

고등교육(대학) 혁신

현재 대한민국은 출생률의 지속적인 저하 등으로 지방대학의 신입생이 크게 줄어들어 정원수를 충족시키기 어려운 실정이다. 외국인 학생이 없다면, 이들 대학의 존립 자체가 크게 위협받는 상황까지 발생하고 있다.

물론 수도권 대학은 지금 상황이 지방대학보다 낫지만, 조만간 비슷한 상황에 부닥칠 것으로 예상된다. 따라서 저출생 등 급변하는 사회환경의 변화에 대응해 대학 자체의 구조조정 등이 필요하다.

그런 한편 대학별로 가장 잘하는 분야, 자신 있는 분야의 특성화 등을 통해 대학의 경쟁력을 강화해야 한다. 또한 커리큘럼도 학생들이 대학 졸업 후 기업에 입사하여 바로 적용할 수 있도록 과감하게 개편해야 한다.

이렇게 혁신하지 않고서는 지금의 대학별 경쟁력 저하는 물론 대학 자체의 존립까지 어려워질 가능성이 아주 크다. 재학시절부터 학생들이 아이디어 창업을 할 수 있도록 다양한 제도를 보완하고 인센티브를 부여해야 한다. 즉 지금의 대학 자체를 재설계해야 할 정도로 과감하게 혁신에 나서야 할 상황이다.

수도권 및 지방대학교 혁신

지방대학은 선제적으로 특성화할 수 있는 과감한 구조조정이 필요하다. 경제학과를 예로 들면, 현재 수도권 및 지방대학마다 경제학과가 다 있다. 그리고 대학별 커리큘럼 간에는 서로 다른 특징이 별로 없다. 어느 한 대학의 경제학과를 산림경제학과로 특성화하면 어떨까. 기후변화와 지구 온난화에 대응해 앞으로 어떻게 변하고, 이러한 환경 변화가 가져올 경제적 효과는 무엇인지 등을 지정 대학의 산림경제학과가 전문적으로 연구하면, 오히려 세계적으로 경쟁력이 있지 않을까?

수도권 소재 대학교 역시 특성화해야 한다. 지금은 지방대학의 정원 충족률이 감소하여, 그 반사적인 효과를 누리고 있다. 저출생에도 다행히 이런 효과는 계속 유지되겠지만 이것 역시 단기적일 뿐이다. 장기적으로는 경쟁력을 확보하기가 힘들다. 외국인 학생을 대거 모집한다고 해도 마찬가지일 것이다.

이렇듯 이제는 수도권 및 지방대학부터 특화된 대학으로 전환하여 경쟁력을 확보해야 한다. 어느 대학은 수소에 특화된 수소 특화대학, 어느 대학은 인공지능에 특화된 인공지능 특화대학 등으로 과감히 전환해야 할 시기다. 눈을 크게 뜨고 미래를 앞당겨 생각하며 과감히 혁신하지 않으면 안 된다. 글로벌 1등의 경쟁력을 가진 대학만이 생존할 수 있다.

또한 이들 대학은 현재 소재하는 지역의 기업 등에서 필요로 하는 전문 인력을 공급하는 인력공급 특화대학으로 과감히 전환하는 방안도 적극적으로 검토해야 한다. 그 지역에서 요구하는 기술 연구, 재교육, 창업지원 등을 공급하는 지역의 두뇌 역할을 하면서 새로운 정보, 아이디어 등을 제공한다.

지역 소재 대학이 가장 잘할 수 있는 분야를 특성화해 경쟁력을 확보하는 방안 이외에도 그 지역주민들의 평생교육센터 등으로 활용하면 좋을 듯하다. 대학 내 평생교육센터를 설치하고 학생을 모집하면 앞으로 단계적으로 해당 대학이 평생교육대학으로 전환할 수도 있을 것이다.

이때 지역 대학의 특성화와 걸맞은 평생교육 프로그램을 해당 지역의 특수성을 반영해 제작 후 공유하면 유익하다. 다른 지역 대학에 설치된 평생교육 프로그램과 차별화되고, 더 나아가 지역과 지역의 연계된 평생교육 프로그램 상생 학습의 본보기로 격상시킬 수 있을 것이다.

법학전문대학원과 의대 쏠림 혁신

현재 대학 교육과 관련하여 가장 큰 문제 중 하나는 특정 학과로의 쏠림 현상이다. 문과를 전공한 대학생 대부분은 전공 학과와는 상관없이, 법학전문대학원 진학을 희망한다. 또한 이과를 전공한 대학생 대부분이 의대 진학을 열망한다.

이런 기이한 쏠림 현상이 과거에는 이렇게나 심각하지 않았다. 물론 상위권 학생들이 법대나 의대도 많이 희망했지만, 사회과학이나 인문과학, 자연대와 공대 등으로도 골고루 분산 진학해 왔다.

과연 우수한 학생이 법학전문대학원과 의대 두 곳에만 집중적으로 몰리면 어떻게 될까. 국민에게 질 높은 법률서비스나 의료서비스를 제공하는 것에 대해 이의를 제기할 사람은 없고, 누구나 동감할 것이다. 그런데 국가적 차원에서는 인문과학과 사회과학 각 분야가 골고루 발전해야 한다. 이과도 공대와 자연대가 함께 발전해야 한다.

법학은 대한민국의 국내법 체계 등을 주로 연구한다. 대한민국에서 변호사 자격을 취득하면 미국, 유럽, 아시아 국가 등에서도 변호사 활동이 가능한가. 그렇지 않다. 대한민국에서만 인정되는 법률 자격이다.

현재 한국의 국내 변호사 시장 상황은 예상컨대 인구 구조 변화 등으로 인해 갈수록 축소되고 있다. 글로벌 시장에서는 글로벌 차원에서의 활용도 높은 분야가 국익에도 도움이 된다. 그러나 국내에서 취득한 변호사 자격은 글로벌 시장에서는 공식 자격으로 인정되지 않는 상황이다.

의대도 마찬가지다. 현재 국내에서 인기 높은 성형외과, 피부과, 안과 전공의가 동네에서 개업할 때 앞으로는 시장의 축소를 예상해야 한다. 그런데도 의대 진학에 투자하는 것이 옳을까. 이에 반해, 의과학자가 되어 바이오를 연구하는 것은 어떠한가. 바이오 분야는 글로벌 시장을 대상으로 한 것이어서 지금 상황에 부합한다.

사정이 어떠하든 현재와 같은 시대 환경이나 국내 인구구조 변동 등을 감안할 때, 법학전문대학원 졸업 후 변호사를 개업하거나, 의대 졸업 후 동네에서 개업하려는 것은 시대에 맞지 않는다. 두 분야 모두 지속적인 축소가 예상되는 시장에 투자하게 될 가능성이 크다.

앞으로의 시대는 전 세계 모두가 인정하듯 인공지능 시대다. 특히 지금은 인공지능 시대의 초기 단계로 판단되지만, 조만간 인공지능은 전 세계적으로 보편화될 것이다. 이런 현실이 닥치면, 전 세계 모든 법제, 판례 등을 낱낱이 아는 AI 변호사가 출현하게 된다. 과연 대한민국의 변호사가 전 세계 모든 법제, 판례 등에 대한 지식을 학습한 AI 변호사와의 법적 경쟁에서 승소할 수 있을까.

AI 변호사는 세계 모든 법률, 판례 등에 대한 정보를 알고 있다. 그래서 대한민국 법률, 판례만 아는 변호사보다 실력이 월등할 것이다. 앞으로 누군가가 법률서비스를 받고자 할 때, 둘 중 어느 변호사를 택할까. 대부분 AI 변호사를 선호하지, 인간 변호사 활용하겠는가. 미래를 앞질러 생각한다면, 잘 판단하기 바란다.

의사도 마찬가지다. 인간의 모습을 갖춘 휴머노이드 AI 의사가 각종 병명 등을 진단하고, 정확하게 수술까지 한다면 과연 인간 의사가 AI 의사보다 실력 있는 의사일 수 있을까. 게다가 AI 의사는 절대로 지치지 않고 밤새도록 수술할 수도 있고, 수술할 때 실수도 하지 않을 것이다. 학습만 잘 시킨다면 AI 의사는 배운 대로 잘할 것이다.

창의성과 상상력이 풍부한 인재 육성

우리가 놓쳐서는 안 될 부분이 있다. 인공지능은 주로

과거 자료(데이터)에 의존하고 이를 바탕으로 학습한다는 것이다. 그렇기에 현재로선 인공지능은 인간처럼 창의적인 일을 잘하지 못한다. 이에 반해 우리는 일할 때 과거 자료에 의존하지 않아도 된다. 과거 자료가 필요 없다는 게 아니라 인간이 필요로 하는 과거 자료는 인공지능에게 물어보면 되기 때문이다.

앞으로 인간은 인공지능의 도움으로 과거 자료 등을 활용하여 미래 분야를 연구하고 창조적인 업무에 종사해야 한다. 그런 분야 중 하나가 우리 인간이 실제로 가보지 않은 우주, 가상공간 등의 분야일 것이다. 이제 우리는 법률 업무, 의료 업무 등은 인공지능에게 맡기고, 창의성과 상상력이 있어야 하는 인문과학, 사회과학, 자연과학, 공학 분야 중 지금까지 가보지 않은 분야에 매진하면 된다. 또한 창조적이고 창의적인 일을 할 수 있는 분야에 투자해야 한다.

따라서 국가의 각종 지원정책도 혁신하자. 법학과 의료 분야가 아닌 수학, 물리 등 자연과학과 공학, 인문과학, 사회과학 등 대한민국의 미래 발전을 위해 국가 차원의 투자가 필요한 분야에 국가의 재원을 배분하는 데 집중하자. 물리학, 공학 중 국가가 필요한 분야에 대해서는 대학 교육 재정의 많은 부분을 국가 재원을 지원하는 구조로 혁신하자.

예를 들어 물리학, 공학 분야 등에 진학하는 학생에게 생활비,

교육비, 해외 유학비 등을 집중적으로 지원한다. 현재 비정상적인 경향을 보이는 법학과 의학 분야로의 쏠림 현상을 하루빨리 혁신하지 않으면 대한민국의 미래는 보장하기 어렵다.

글로컬 대학 혁신

현재 대학 교육 혁신은 교육부가 유도하고 있다. 여러 대학을 서로 통폐합하는 등의 정책을 시행함으로써 글로컬 대학으로의 혁신방안을 제안하는 한편, 교육부의 평가를 거쳐 선정된 대학에는 1년에 200억 원, 5년간 총 1,000억 원을 지원하는 방안으로 현재 대학들의 구조조정 및 대학 혁신을 유도하고 있다.

이런 대학 교육 혁신정책은 지방대학의 구조조정을 촉진한다는 측면에서는 바람직한 방향이다. 그러나 구체적인 내용에서는 개선할 부분이 적지 않다. 가장 주목되는 부분은 지방대학의 통폐합 등 구조조정 이후 대두될 미래 경쟁력 강화를 위한 목표가 잘 보이지 않는다는 점이다. 대학 교육 경쟁력은 단지 대학만 통폐합한다고 해서 저절로 생겨날 리 없다.

구조조정 이후의 특성화, 새로운 비전 등을 통해 어떤 인재를 양성하고, 어떤 연구를 해야 할지, 다른 대학과 비교하여 어떤 차별화된 경쟁력을 갖출 수 있는지가 중요하다. 이런 구체적인 내용이 중요한 혁신방안에 포함되지 않으면 대학 교육 경쟁력은 확보

될 수 없다.

그런데 지금의 구조조정 내용 중에는 중요한 것이 빠져 있다. 특성화와 경쟁력의 중추 역할을 하는 소프트웨어적인 혁신은 보이지 않고, 단지 대학과 대학을 단순 결합하는 물리적 하드웨어 측면에서 구조조정에 집중하는 듯하다.

글로컬 대학이 각각의 대학마다 독창적 경쟁력을 강화할 특성화 분야를 먼저 갖추고, 국가에서는 해당 대학이 이런 분야에 집중교육할 수 있도록 지원해야 한다. 대학마다 가장 잘 교육하고 인재를 양성할 수 있는 경쟁력 분야를 선택하고, 국가는 이 분야에 집중하도록 유도해야 한다. 그래야 대한민국 대학이 경쟁력을 갖게 될 것이다.

과연 이런 방향으로 대학 교육 혁신정책이 진행되고 있는가. 글로컬 대학으로 선정된 대학이 앞으로 10년이 지나면 어떤 경쟁력이 생기는지 점검해 보자. 만약 10년이 지나도 경쟁력 있는 대학으로서의 가능성이 별로 없다면, 국가와 교육부는 과감히 재설계해야 한다.

글로컬 대학에는 앞으로 경쟁력을 가질 콘텐츠를 보고 지원해야 한다. 이런 혁신적인 마인드로 경쟁력을 갖출 수 있는 분야부터 먼저 설정해야 한다. 그래서 설정된 목표에 따라 재원, 인력 등을 총력 투입하여 대학별 특성화를 통해 글로벌 대학으로서의 경쟁력을 강화할 것을 제안한다. 대학 내부적으로도 치열한 토의를 거쳐 자기 대학의 강점이 무엇이고, 그것을 기반으로 글로컬 대학으로 나아갈 방향부터 명확히 설정해야 한다.

지원 규모도 실제 성과가 나도록 차등화 지원하자. 대학 지원도 일률적으로 5년간 1,000억 원으로 한정할 필요가 없다. 대학 지원의 차등화 정책 도입이 필요하다. 특성화를 잘하는 대학에는 더 많이 지원할 수도 있고, 특성화 계획을 제대로 수립하지 못한 대학에는 책정된 지원을 줄일 수도 있다. 주된 목표는 국제적인 경쟁력을 갖춘 글로컬 대학의 육성이며, 이런 목표 달성을 위해 국가적 지원을 아끼지 않아야 한다.

직업훈련 혁신

직업훈련은 매우 중요하다. 사회가 다변화되고 분야별 전문성이 요구되는 직업일수록 직업훈련의 의미와 가치는 높다. 현장에서 가장 요구되는 교육을 선행하기 때문이다.

대한민국에는 수많은 직업훈련 프로그램이 있다. 그런데 현재 그 직업훈련이 얼마나 효율적이고 성과 또한 만족할 만한가. 무엇보다도 직업훈련 부처가 서로 연계되어 정합성이 있는지도 의문이다. 직업훈련의 예산 규모는 크다. 또한 직업훈련을 받는 인력도 많다. 그런데 이런 예산과 인력 규모 자체가 높은 성과를 말해주는지는 의문이다.

대한민국의 직업훈련 혁신방안을 제시한다. 첫째, 지금의 직업훈련은 공급 측면보다 수요 측면에 중점을 두고 개편해야 한다. 현재 직업훈련은 시장의 수요를 반영하여 실제로 도움이 되는 수요 맞춤형 직업훈련에 지원하지 않는다. 수요 맞춤형보다 명분상 직업훈련을 한다는 단순 공급 측면이 크다. 개인별로 시장 수요에 부합하는, 현장에 즉시 활용할 수 있는 맞춤형 교육으로 일대 변경한 직업훈련을 혁신적으로 추진하자. 따라서 앞으로의 직업훈련은 시장의 수요 즉 시장이 필요로 하는 훈련 내용을 선제적으로 파악하고, 이에 부합하는 교육과 훈련을 병행하는 방향으로 추진되어야 한다. 이러한 측면에서 현재 직업훈련 시스템의 과감한 혁신이 필요하다.

둘째, 시대적 변화를 반영한 적극적인 직업훈련으로 혁신해야 한다. 시대에 맞지 않거나 시장의 수요가 없는 직업훈련은 과감히 폐지해야 한다. 주기적으로 직업훈련의 질적 내용을 평가함으로써 시장과의 긴밀성을 체계적으로 점검해야 한다. 한편 지금 실시 중인 모든 직업훈련에 대한 시장 테스터를 실시하여 혁신적인 방향을 재설정하자.

셋째, 직업훈련을 몇 명 시켰느냐보다 직업훈련 후 얼마나 많은 사람이 자신이 원하는 곳에 취업했는지가 중요하다. 취업과 연결되지 않는 직업훈련은 크게 의미가 없다. 직업훈련 후 취업할 수 없는 인력을 수만 명 대거 양성한들 무슨 의미가 있겠는가. 따라서 직업훈련의 인력 수보다 취업인력 수(Outcome)로 직업훈련의 성과를 평가하자. 이런 제도적 관점을 도입하면 직업훈련 내용도 시대적 상황 변화와 더불어 시시각각 달라질 것이다.

넷째, 양보다 질이다. 직업훈련 이수자 숫자는 본질이 아니다. 직업훈련을 받은 사람의 능력이나 기술이 얼마나 향상되었느냐가 더욱 중요하다. 취업자 수, 시장에서의 만족도가 중요하다. 훈련 이수자의 숫자보다 훈련 내용의 질적 수준이다. 훈련의 질을 대폭 높이는 방향으로 추진해야 한다.

마지막으로 부처별로 산재한 직업훈련기관을 통합하거나 연계함으로써 실질적 효율성을 높여야 한다. 대체로 고용노동부에 직업훈련이 가장 많고, 과학기술정보통신부 등의 기관에도 적지 않다. 이러한 전 부처의 직업훈련을 종합하여 좀 더 특화하고 불필요한 직업훈련을 과감히 통폐합하는 등의 혁신을 꾀해야 한다. 현재 있는 직업훈련 기관 간의 연계도 현실과 시대적 변화에 맞게 강화해야 한다.

레볼루션 코리아 혁신전략
: 정치와 행정

VI

정치 혁신

대통령제
국회의원 선거방식
지방 행정구역
신행정수도 완성
헌법 개정

혁신

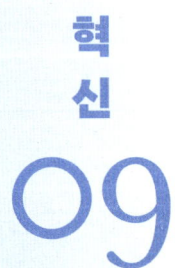

09

대통령제

대한민국의 대통령 임기는 현 헌법상 5년 단임제*다. 5년 단임의 대통령 제도는 대통령의 장기 집권을 제도적으로 막기 위해, 제5공화국 헌법에서 새로 규정되었다. 이 제도는 시행된 지 벌써 40여 년이 지났다. 이제 제5공화국 헌법에 규정된 대통령 5년 단임제의 공과(功過)를 심도 있게 따져 봐야 한다는 주장이 적지 않다.

대통령제나 대통령의 임기에 대해서 다양한 의견이 제시되고 있다. 현 대통령제를 내각제로 바꾸어야 한다는 주장도 많고, 대

---

* 헌법 70조 : 대통령의 임기는 5년으로 하며, 중임할 수 없다.

통령의 권한이 너무 커서 대통령제를 유지하되 그 권한을 분산하는 프랑스식 이원 집정부 제도를 도입하자는 주장도 있다. 4+4년의 대통령 임기 중임제 논의도 있다. 이런 갖가지 주장의 핵심은 현 대통령 임기도 이제 재검토할 때가 되었다는 것이다. 시대 흐름에 부합하지 못하는 부작용이 많은 대통령 임기 제도를 계속 존치해야 하는지에 대해서는 범국민적 논의가 필요하다.

현재 5년 단임 대통령제는 장기 집권을 막을 수 있는 점에서 분명 장점이 있다. 현직 대통령이 개헌해서 대통령의 중임 허용이나 임기를 늘린다고 하더라도 그 개헌 효과가 현 대통령에게는 적용되지 않는다. 따라서 5년 단임제는 현직 대통령이 임기를 연장하거나 변동시키려는 요인을 근원적으로 차단하는 강력한 효과를 보고 있다.

현재 대통령제는 국정운영의 성과 저하 등 부작용도 적지 않다. 재임 기간이 너무 짧아 대통령이 정책을 과감하게 추진해 충분한 성과를 내기 어렵다. 게다가 5년마다 정부가 바뀌게 되면, 기존의 모든 것이 반대로 바뀌는 경향도 무시할 수 없어 그 성과를 따지기도 힘들다.

대통령 재임 기간 5년 중 1년간은 그나마 힘(Power)이 있다. 그러나 그 기간도 대체로 대통령 취임 후 실행되는 정부의 조직 개편, 새로운 정책 설계 등으로 많은 시간을 보내야 한다. 집권 1년 차에는 새로운 정부의 새로운 정책을 거의 실행하기 어렵다. 집권 2년 차부터 본격적으로 새로운 정책 등을 뒷받침할 법안이나 예산 반영 작업이 시작된다. 이때 야당의 반대 등이 심하면, 본격적인 정책 실행은 2년 차에도 반영하기 어렵다.

집권 3년 차가 되면 어떠한가. 이때부터 집권 2년 차에 수립한 정책과 예산, 법안 등이 본격적으로 집행된다. 그런데 이때 벌써 레임덕(Lame Duck) 이야기가 곳곳에서 튀어나온다. 세간에는 5년제 단임 대통령 임기의 반이 지났다고 보기 때문이다. 집권 4년 차로 접어들면 후임 대통령 후보자 윤곽이 서서히 나오게 된다. 이 시기가 되면 대통령의 힘은 급격히 빠지게 된다.

집권 5년 차에는 사실상 현직 대통령이 아닌 대권 후보자를 중심으로 여론이 형성되고, 국민적 관심도 그곳으로 쏠린다. 이때 현직 대통령이 새로운 정책을 주도적으로 추진해도 성과를 거두기는 거의 불가능하다. 현직 대통령은 그냥 숨만 쉬는 시기이기도 하다. 더구나 이즈음 대개 국회의원 선거나, 지방자치단체장 선거가 있기 마련이다. 선거 기간에 현직 대통령으로서는 선거에 영향을 줄 수 있는 혁신적인 정책 추진이 쉽지 않다. 자칫하면 선거법에 저촉될 우려도 있다. 이렇듯 5년 단임 대통령제 아래서는 아무리 새로운 정책이라 하더라도 성과내기가 불가능에 가까울 정도로 어렵다.

대통령이 5년마다 계속 바뀌면서 제대로 일하지 못하면, 결국 국가와 국민이 피해를 본다. 5년마다 반복되고 있는 이런 퇴행적인 대통령제를 과감히 바꿔야 할 때다. 대통령 임기를 5년으로 하고, 중임을 허용하는 제도로 혁신할 것을 제안한다.

이런 제안은 국정운영의 실질적인 성과를 내기 위해서다. 그리고 글로벌 경제 시대에 국가 경쟁력을 갖추기 위해서다. 물론 10년을 그냥 보장하지 않는다. 5년 임기 중에 재선거를 해야 한다. 성과가 나쁘면 5년만 재임하고, 우수한 성과를 내면 다시 5년을 보장해줘서 10년간 국정운영을 맡긴다.

물론 지금 논의되고 있는 4+4년 중임제도 좋다. 그러나 더 확실한 성과 창출을 위해 5+5년의 중임제 대통령제를 제안한다. 무엇보다도 글로벌 성과를 내는 데 모든 혁신적 역량을 집중해야 한다. 일 잘하는 대통령을 10년간 국가를 운영하게 함으로써 주식회사 대한민국을 안정적으로 만들어야 한다.

국회의원 선거방식

대한민국의 현재 국회의원 선거방식은 소선거구제다. 1개의 지역 선거구별로 1명의 최다 득표자를 선출하는 방식이다. 총 300명의 국회의원 중 254명은 지역구 국회의원이다. 대한민국

인구 숫자를 고려해 나눈 254개 지역구에서 각 1명씩 국회의원을 선출한다. 나머지 46명의 국회의원은 대체로 직역(職域)을 대표하는 비례대표다. 정당별 득표수에 따라 의원 수가 배분된다.

현재 소선거구 제도는 254명의 의원이 254개 소지역과 1:1로 긴밀히 연결되어 있다. 지역 국회의원이 국가정책을 결정함에 있어서 소지역 중심의 의사결정이 이루어질 수밖에 없는 구조다. 소선거구 제도에 의해 선출된 국회의원은 명분상 국가적 차원의 우선순위를 두는 정책을 결정한다고 한다. 하지만 현실적으로는 자신의 지역구에 우선순위를 두는 정책을 결정할 수밖에 없는 구조다.

지역 국회의원은 누구든 자기 지역구의 이해관계에 매우 민감하다. 차기 선거에서도 다시 선출되기 위해서다. 그로 인해 국가적 우선순위에 따른 정책 결정은 사실상 늘 뒷전일 수밖에 없다. 국가적 차원의 정책 결정보다 자신의 지역 예산을 먼저 배분하는 데 골몰한다. 소위 말해 '나눠먹기식'으로 재원을 배분한다.

이러한 소지역주의 중심의 소선거구 제도는 지역균형 발전전략 추진에도 나쁜 영향을 미친다. 이러한 재원 배분 방식으로는 제대로 된 지역발전을 기대하기 어렵다. 국가적 우선순위에 따른 효율적인 재원 배분이나 글로벌 관점의 국가 발전전략 추진 등은 사실상 성사될 수 없다. 실제 광역지역 내에서도 지역구 의원의 이해관계로 선택과 집중에 의한 지역발전이 쉽지 않다. 각 소 지역별로 투자가 분산될 수밖에 없는 구조다.

소선거구 제도로 인한 폐해 가운데 '특정 정당이 특정 지역 독점'도 고질적인 문제다. 소지역별로 1명의 국회의원만 선출되어 그 지역에 뿌리를 둔 사람이 선출될 수밖에 없는 데 따른 폐단이다. 특정 정당, 특정 지역 출신이 그 지역을 대표할 수밖에 없는 구조가 고착화되어 지역주의가 강하게 나타난다. 소지역 이기주의 역시 한층 더 강화될 수밖에 없다.

소선거구 제도를 중/대선거구 제도로 혁신해야 한다. 이는 지방행정구역 혁신과도 밀접히 관련된다. 만약 지금과 같은 지방행정구역을 그대로 유지하겠다면, 인구 숫자를 감안하여 광역 시/도 단위로 국회의원 숫자를 재배분해야 한다.

지금의 교통과 통신 상태로 보아 광역 시/도 단위로 국회의원을 배분해도 전혀 문제가 없다. 이런 방식을 도입하면 소선거구 제도에서 발생하는 많은 문제를 해소할 수 있다. 그럴 뿐 아니라 고질적인 지역주의 문제도 해소될 수 있다. 무엇보다 광역 단위에서 지역 발전전략을 수립할 수 있어서 성과 차원에서도 훨씬 좋을 것이다. 게다가 국가 발전전략에도 크게 도움이 될 것이다. 국회의원을 뽑는 소선거구 선출 제도를 중/대선거구 선출 제도로 신속하고 과감히 혁신하자.

지방 행정구역

현재 대한민국은 17개 광역자치단체(광역시/도)와 226개 기초자치단체(시/군/구)로 이루어져 있다. 이들 행정구역은 과거 교통과 통신이 발전되기 이전에 설정되었다. 그로 인해 행정구역이 숫자상 너무 많다. 오늘날의 시대적 추세를 감안하면, 이는 상황에 맞지 않다.

물론 행정구역의 수가 많아도 성과가 있으면 문제없다. 그런데 지방행정구역이 너무 과도하게 세분되면, 국가 전체적으로 선택과 집중된 국가 발전전략을 수립하기 어렵다. 또한 지역균형 발전을 효과적으로 추진하기도 힘들다.

이런 행정구역을 그대로 두고 국가 발전전략이나 지역균형 발전을 추진한다고 해 보자. 226개 기초자치단체(시/군/구)의 이해를 모두 반영해야 하므로 결국 226개 지역에 분산된 발전 정책을 추진될 수밖에 없다. 각각의 기초자치단체가 모두 자기 목소리를 강하게 내고, 이들은 절대로 물러서지 않을 것이다. 누가 봐도 각각의 목소리가 난무하는 현장이 어떨지 상상할 수 있을 것이다.

226개 시/군/구는 실재하고 있는 현실이기에 이를 무시하고 정책을 새롭게 추진하기에는 한계가 있다. 이런 한계를 새로운 시각으로 접근하면 건설적인 방안이 있기는 하지만, 그것 역시 잠재적 문제를 해결해야 가능하다. 즉 지금 있는 행정구역을 그대로 두고 몇몇을 연계하여 지역균형 발전을 추진하는 방안을 고려해 볼 수 있다. 그러나 이 경우에도 좀 더 세부적으로 들어가 보면, 결국 226개 기초자치단체의 이해관계를 모두 조정해야 한다는 점이다. 실제로 겉으로 드러나진 않았지만, 226개 기초자치단체와 잠재적으로 연결된 부분을 모두 반영하게 되어 있다. 그래서 지금의 행정구역 개편은 쉽지 않다.

결론적으로 지금의 226개 기초자치단체로 구성된 지방행정 구역을 그대로 둔 채 국가 발전전략이나 지역균형 발전 정책을 추진해서는 큰 효과를 볼 수 없다. 앞서 살펴본 254개 지역구 국회의원까지 감안하면, 선택과 집중에 의한 효과적인 국가 발전전략이나 지역 발전전략 구사는 더욱 불가능하다. 따라서 너무 세분된 지방행정 구역을 어떻게든 시대 상황에 맞게 혁신하는 방안을 찾는 논의를 시작하자.

일단 수도권인 서울특별시와 경기도, 인천광역시는 그대로 두고, 제주특별자치도도 그대로 둔다. 나머지 13개 광역자치단체가 우선 대상이다.

① 부산광역시, 울산광역시, 경상남도를 통합한다.
② 대구광역시와 경상북도, 강원도를 묶는다.

③ 광주광역시, 전라남도, 전라북도를 통합한다.

④ 대전광역시, 세종특별자치시와 충청남도, 충청북도를 통합한다.

이렇게 통합하면, 광역자치단체는 17개에서 8개로 재편할 수 있다. 8개 광역자치단체 내에서 다시 인구 100만 명~150만 명 기준으로 나누어 특별자치시를 만든다. 예를 들어 대구광역시(237만 명), 경상북도(255만 명), 강원도(153만 명)의 경우 총인구수는 645만 명 정도다. 이를 인구 100만 명 기준으로 나누면 6개의 특별자치시로 구성할 수 있다. 인구 150만 명으로 나누면, 4개의 특별자치시로 구성할 수 있다. 앞으로 인구 감소 등을 감안하여 150만 명을 기준으로 개편해도 좋다.

이렇게 하면 대구광역시, 경상북도, 강원도의 통합 광역자치단체는 4개 또는 6개 특별자치시로 구성된다. 통합 광역자치단체도 지금보다 훨씬 더 넓은 측면에서 지역 발전전략을 광역으로 추진할 수 있다. 4개 또는 6개 특별자치시도 인구 150만 명 또는 인구 100만 명 규모의 자치 시로 탄력성 있게 구성될 것이다. 이 정도의 인구수라면 선택과 집중에 의한 지역에 대한 실효성 있는 지역균형 발전전략을 추진하기 쉽다.

현재 대구광역시는 9개 기초자치단체(7구청, 2군), 경상북도는 22개 기초자치단체(10시, 12군), 강원도는 18개 기초자치단체(7시,

11군)로 이루어져 있다. 사실상 49개의 소지역으로 나누어진 것과 같다. 따라서 지금의 49개 지역마다 모두 주인이 있는 셈이다. 이는 분산적으로 재원을 배분할 수밖에 없어 비효율적이다.

   49개의 기초자치단체를 4개 또는 6개의 특별자치시로 혁신하면, 지역의 투자 재원도 4개 또는 6개 지역만 대상으로 정책을 결정할 수 있어서 좀 더 선택과 집중에 따라 배분하게 된다. 이렇게 행정구역을 혁신하면 국가정책과 지역 정책 모두 훨씬 좋은 성과를 낼 수 있을 것이다.

신행정수도 완성

   세종자치시에 근무하는 공무원의 경우, 최근 가족 모두가 상주하는 비율이 높아지고 있다. 병원, 마트 등 거주 환경과 유치원, 초중등학교 교육 환경도 좋아지면서 젊은 공무원의 가족 단위 이주가 급격히 늘고 있다. 다행스럽고 유의미한 일이다.

   하지만 여전히 해결해야 할 문제가 가득하다. 대표적인 예가 국회, 대통령실, 행정부가 서울과 세종자치시로 양분됨에 따라 나타나는 국가행정의 비효율성이다. 이를 제대로 조정하지 못한 지금의 행정부에 대해 '길 위의 국장, 과장', '무두절(국장, 과장 등 감독할 윗사람이 없는 날)' 등 행정의 비효율성을 지적하는 국민도 적지 않다.

그런데도 이를 시급히 바꿀 의지는 강하지 않다. 선거 때가 되면 세종자치시로 국회, 대통령실 등의 통합 논의가 듬성듬성 제기되다가, 선거가 끝나면 다시 원점으로 돌아가는 경우가 비일비재하다. 가장 확실한 방법은 행정수도를 세종자치시로 정하고, 국회와 행정부, 사법부를 모두 이전시키는 헌법 개정을 하는 수밖에 없다.

젊은 공무원은 세종자치시에 상주하는 데 반해, 장관을 비롯해 국장 이상의 고위 공무원은 주로 서울이나 수도권에 근무하는 날이 많다. 국회 업무협의, 대통령실 보고, 서울 소재 전문가들과의 협의 등을 위해 일주일의 대부분을 서울에서 보내는 상황이다. 과장 이하 사무관과 직원들만 세종시에서 주로 근무한다.

젊은 공무원이 행정 경험이 많은 간부들과 괴리되어 생활하는 과정에서 생기는 문제도 많다. 경험 많은 간부들과 근무하면서 배워야 할 능력이나 일하는 방법 등을 학습하거나 습득하는 데도 한계가 있다. 그 결과 주로 동료 공무원과의 교류에 한정되어 선배 공무원으로부터 중요한 행정 경험을 터득할 기회가 부족하다.

이에 따라 나타나는 폐해 중의 하나가 정책 품질의 저하다. 고위 공무원은 대부분 서울에서 근무하고, 세종자치시에는 잠깐씩 근무하는 현실에서 정책 수립, 보고서 작성 등을 젊은 공무원에게 자세히 알려주기란 불가능하다. 이로 인해 정책의 생산, 분석, 종합 검토 등에서 품질 저하가 나타난다.

국장 등 상사에게 하는 대면 보고가 적고, 서면 보고가 많다. 직접 대면 보고하는 과정에서 코멘트를 받음으로써 터득할 수 있는 행정의 노하우 등을 습득하는 기회 또한 줄어들 수밖에 없다. 그래서 언론이나 국민이 요즘 정책이나 보고서의 품질이 예전 같지 않다는 이야기가 많이 나오고 있다. 많은 공무원이 국회 업무 보고, 대통령실 협의, 장관과 차관 보고 등으로 서울과 세종을 오르내리느라 시간과 비용도 많이 들고, 신체적 피로도 누적되고 있다.

개헌을 통해 국회와 대통령실 등의 세종시 조기 이전이 가장 최선의 방안이다. 헌법 개정 시기에 행정수도를 세종시로 하고, 국회와 대통령실 등을 신속하게 세종시로 이전하는 방안이다.

세종시에 소재하는 정부부처 담당 국회 상임위원회는 최대한 세종시 근무를 확대할 수 있게 하자. 다만 당분간 서울에 있어야 한다면, 화상 회의를 확대하여 관련 공무원도 가능한 세종시에서 근무하게 하자. 대통령실도 일주일 중 며칠은 세종시에서 근무하도록 하자. 세종시 근무를 확대하면 된다. 가능하면 직접 방문하지 않고, 화상회의 시설 등을 활용해야 한다.

개헌하기 전에는 대통령도 세종자치시 근무 시간을 늘려야 한다. 대통령이 세종자치시에 주로 근무하되, 필요한 경우에만 서울에서 근무해야 한다. 대통령 주재 국무회의도 세종에서 개최해야 한다. 그렇게 해야 장관과 차관 등 고위 공무원도 세종자치시에 상근할 수 있다. 현재 상황에서도 고위직 공무원일수록 최대한 세종자치시에서 근무하게 만들어야 한다. 그 대신 온라인 회의 등을 대폭 활성화하면 된다.

세종시 공무원은 지리적 특성상 서울로부터 각종 정보를 얻기 어렵다. 따라서 강연과 교육 기회 등을 확대하여 새로운 정보를 수시로 습득할 기회를 갖게 하자.

헌법 개정

지금의 대한민국 헌법은 1987년 10월 29일 공포되었고, 1988년 2월 25일부터 시행되었다. 햇수로 30년 이상 적용되었다. 그런데 1988년 환경과 비교해 오늘날의 환경은 엄청나게 변했다. 그것도 거의 몰라볼 정도로 변했다. 이런 시대적 변화 상황을 헌법에 반영하여 기존의 대한민국 헌법을 보완, 발전, 혁신하는 것이 절대적으로 요구되는 시점이다.

새로운 시대 상황, 기술 변화 등을 반영하여 대한민국 헌법의 시대정신을 새롭게 보완하지 않으면 안 된다. 그동안 헌법 운용과정에서 나타난 미비점을 보완하고 혁신해야 한다. 정치 혁신, 경제 혁신, 사회 혁신 등 모든 분야에서 시대에 맞는 개정사항을 찾아내어 헌법을 보완/혁신하자. 시대 상황에 맞는 헌법 개헌을 통하여 글로벌 시대에 주식회사 대한민국이 국운 양성의 새로운 기회를 갖게 될 것이다. 지금은 대한민국 대혁신 사항 등을 조속히 반영하기 위한 개헌 논의를 획기적으로 시작해야 할 때다.

대통령, 10년을 보장하자.

국회의원 선거 중/대선거구제로,

49개 기초자치단체를

4개의 특별자치시로,

국회와 행정부의 조기 이전,

개헌 논의를 시작하자

정부 혁신

- 대통령실 혁신
- 출연기관과 산하기관 혁신
- 고위 공무원 제도 혁신
- 인사 혁신
- 공공기관 혁신
- 규제 혁신
- 부처 혁신

혁신 10

대통령실 혁신

대통령실은 대한민국의 국정운영 전반을 관장하면서 대통령의 국정철학이 잘 구현될 수 있도록 점검·관리하는 역할에 충실해야 한다. 단기적인 국정 상황 관리도 중요하지만, 중장기적인 국정운영 방향에 대해서도 대통령의 재임 임기와는 상관없이 계속 추진될 수 있도록 연구하고 철저히 준비해야 한다. 또한 대통령실의 특수성을 감안하여, 각종 정보가 막힘없이 흐르는 시스템 구축이 중요하다.

대통령실은 단기 현안 대응도 중요하다. 그와 동시에 국가 미래 사회의 중장기적 변화 방향을 잘 읽고 이에 적극적으로 대응하지 않으면 안 된다. 이를 잘 수행하기 위해서는 정책실의 기능 개편이 가장 중요하다. 그런데 현재 운영 중인 대통령실의 정책실은 주로 단기 현안 중심으로 대응하고 있다. 물론 부분적으로는 중장기 정책에도 대응하고는 있다.

그러나 중장기 정책 아젠다(Agenda)는 더 시스템적으로 대응해야 한다. 단기 현안 중심의 대응 조직으로는 ① 경제는 경제 수석실 ② 사회는 사회수석실 등이 주로 담당한다. 하지만 적어도 정책실 차원에선 중장기 또는 중기(5년) 대응과 현안 대응의 기능을 함께 작동시킬 필요가 있다.

지금의 대통령실 정책실에 '국가미래전략 수석실'을 신설하여 인구 문제, 연금 문제, 미래 성장 잠재력 등을 확충하기 위한 국가미래전략을 수립해야 한다.

탕평인사

현재 대한민국은 국가와 사회 발전을 가로막는 심각한 양극화에 빠져 있다. 정치 양극화, 경제 양극화, 사회 양극화 같은 문제뿐 아니라, 인사 양극화도 심각한 상태다. 언제부터인가 정당의 당적을 한 번도 가진 적 없는 직업공무원을 어느 정부에서 승승장구했느니, 어느 정부를 위해 일했느니 하며 소위 낙인찍기식의 편가르기 인사를 하고 있다.

이런 상황에서 직업공무원도 나름의 게임을 한다. 정부의 흐름이나 자신의 커리어 경로, 남은 임기 등을 감안하여 국가에 대한 공복으로서의 자세보다 자기 개인의 이익을 위해 행동한다. 이는 국가적으로 인적 자원의 낭비일 뿐만 아니라, 국가발전 등의 국익에도 전혀 도움이 되지 않는 처사다.

대통령의 중요한 업무 중 하나는 탕평인사, 적소적재(適所適材)의 인사다. 적소적재의 인사를 하려면 무엇보다 먼저 인재풀(Pool)이 매우 넓어야 하고, 발굴된 인재에 대한 평가 또한 엄정해야 한다. 즉 인재를 널리 발굴하여 적재적소의 인사로 활용하려면 냉정하게 평가하고 과감하게 등용해야 한다.

특히 국익을 위해 필요한 인재라면, 국내는 물론 전 세계에서 활약하는 유능한 인재를 발굴, 적소적재에 등용시켜 운용하는 '전략적 인사'를 하는 것이 가장 중요하다. 필요한 인재를 등용할 때에는 객관적 평가와 등용 시기를 동시에 고려해야 한다.

정언 비서관 신설

일반적으로 대통령에게 직언이나 올바른 소리 즉 쓴소리를 하는 것이 말처럼 쉽지 않다. 그러다 보면 정작 대통령에게 문제 있는 보고나 대통령 자신이 듣기 싫어하는 보고는 하나도 전달될 수 없게 된다. 실제로 대통령실의 권력 속성상 바른 소리가 전해질 수 있는 길이 막힌 셈이다. 따라서 대통령에게 올바른 여론이나 정보가 제대로 제공하려면 시스템적이어야 한다. 이를 위해 대통령이 듣기 싫어하는 보고만 다루는 '정언(正言) 비서관' 제도 도입을 제안한다.

물론 이 제도를 도입한다고 하더라도 실제 운영 시 대통령이 듣기 싫어하는 정보나 보고가 올바로 들어갈지 걱정되는 부분도 적지 않을 것이다. 하지만 대통령 스스로 국정을 올바른 방향으로 이끌려고 한다면, 누군가는 대통령이 듣기 싫어하는 정보 즉 민심과 여론을 객관적으로 수집해 정직하게 보고할 제도와 직책을 만들 필요가 있다. 이런 직책을 별도로 만들어서라도 대통령에게 민심과 여론이 올바르게 전달될 수 있도록 해야 한다.

출연기관과
산하기관 혁신

현재 정부출연 연구기관은 경제인문사회계 연구기관(26개)과 과학기술계 연구기관(25개)으로 구분된다. 처음 설립될 때와는 달리, 오늘날 이들 연구기관의 성과는 크지 않다. 따라서 경세인문사회계 정부출연 연구기관과 과학기술계 정부출연 연구기관이 획기적인 성과를 낼 수 있도록 대혁신을 해야 할 때다. 1990년대 후반부터 도입한 PBS 체제를 포함해 전반적인 사항을 심도 있게 점검하여 제대로 연구 성과가 나올 수 있도록 혁신해야 한다.

정부 산하기관의 수는 얼마나 되는가. 전 부처에 걸쳐 국가로부터 지원받는, 광의의 의미에서 보면 정부 산하기관은 엄청 많다. 물론 이들 기관마다의 분명한 설립 목적이 있을 것이다. 하지만 전수조사를 통해 기관 고유의 기능이 시대의 상황 변화에 따라 약화하거나 존재 이유가 없는 곳은 새롭게 정리해야 할 필요가 있다.

일률적으로 정리하자는 말이 아니다. 산하기관 중 기능을 강화할 곳은 더 강화하고, 민영화할 곳은 민영화하고, 폐지할 곳은 과감히 폐지하는 등의 혁신이 필요하다는 것이다. 투명하고 합리적 차원에서 전수조사하여 국가로부터 어떤 형태로든지 지원받는 정부의 산하기관을 일대 혁신할 것을 제안한다.

고위 공무원 제도 혁신

현재 운영 중인 고위 공무원 제도가 처음 도입된 것은 2006년이다. 기존 공무원 제도가 계급제로 운영되는 폐해를 개선하기 위해, 직무급을 추가한 새로운 제도였다. 공직사회에 새로운 바람을 불어넣고자 도입되었다.

그런데 현 고위 공무원 제도는 사실상 기존의 계급제도처럼 운영되고 있다. 고위 공무원 가급은 과거의 1급(실장급), 고위 공무원 나급은 과거 2급(국장급)과 전혀 다르지 않게 운영되고 있다. 말만 고위 공무원 제도일 뿐 과거와 별로 달라진 점이 없다, 따라서 과거 계급제도처럼 운영되고 있는 고위 공무원 제도를 현실에 맞게 개편할 것을 제안한다.

① 현재 1급만 고위 공무원으로 개편한다. 대신 국장급은 고위 공무원에서 제외한다.

② 고위 공무원단에 들어오는 경우, 부처 소속을 떠나 대한민국 정부의 인사혁신처 소속으로 귀속시킨다. 지금은 각 부처 소속으로 운영되고 있다.

③ 국장급은 부처 소속으로 존속시킨다. 국장까지는 각 부처 소속으로 근무하게 해서 직업공무원 제도의 안정성을 높인다.

④ 고위 공무원단은 지금의 전 부처 1급 인원수를 감안하여 별도 정원을 정한다. 예를 들어, 기존 정원 대비 110% 정도로 운영하되 그중 10%의 고위 공무원은 교육, 연구, 태스크 포스 업무 등을 담당하게 하는 방안도 고려할 수 있다.

⑤ 고위공무원단 가운데 각 부처 실장급 직위에 가장 적합한 자들

을 보임한다.

이런 방식을 도입하면, 고위 공무원은 각 부처 시각과 관점에서 근무하는 게 아니라 대한민국 공무원의 시각과 관점에서 근무하게 될 것이다. 자신이 오랫동안 근무하던 부처 소속을 떠나 정부의 모든 부처에서 근무할 수 있게 된다.

아울러 정무직인 장·차관과 실무책임자인 국장 사이에서 최고 직급의 일반직 공무원으로서 가교 역할을 할 수 있다. 신분 보장은 되지 않지만, 정부의 어느 부처 어느 자리든 보임될 수 있다. 부처 소속이 아니므로 부처 이기주의로부터 탈피하여 대한민국 공무원으로서 확장된 행정 안목으로 국정을 운영할 수 있는 장점이 있다.

인사 혁신

대통령이든 기업 CEO든 최고책임자에게 주어진 가장 중요한 책무는 사람을 잘 기용하는 인사 운영이다. 실제로 제대로 된 사람을 잘 기용하는 일이야말로 최고 책임자의 업무에 전부라고 해도 과언이 아니다. 좀 더 구체적으로 말하면, "해당 업무에 맞는 가장 적임자를 찾으라"는 이야기다. 상황에 따라 그때그때 요구되는 자질을 갖춘 인물이 다르다. 이른바 설립된 기관의 상황을 파악하여 요구되는 임무를 수행하고, 여기에 가장 맞으면서도 해당 자리에 잘 부합하는, 그 기관, 그 자리, 그 업무를 가장 잘 수행할 사람을 찾아서 맡기자.

적재적소가 아닌 적소적재

인사 운영의 기본을 한마디로 말하면 '적소적재(適所適材)'다. 인사는 가장 당면한 현안이 무엇인지를 명확히 설정하는 데서 시작된다. 예를 들어 한국전력의 사장을 새로 뽑는다면, 가장 먼저 현재 사장이 수행해야 할 가장 핵심과제부터 정리한다. 새로운 사장의 업무가 경영혁신인지, 기껏해야 전기요금 문제 해결인지, 아니면 획기적인 혁신보다 지금의 경영상황을 안정시켜야 하는지 등을 엄밀히 파악한 후 인재를 선출해야 한다. 한마디로 새로 선출될 사람이 맡아야 할 가장 중요한 업무 즉 적소가 선제조건이다.

둘째, 그 주요 업무를 가장 잘 해결할 사람이 누구인지를 찾는다. 당면 문제를 파악하고, 이를 가장 잘 해결할 사람을 찾을 때는 시야를 넓혀야 한다. 적합한 인재를 찾기 위해 대한민국 또는 대한민국을 넘어 전 세계로 시야를 넓혀야 한다. 가장 적임자 즉 적재다.

셋째, 적재 후보자를 찾는 방법이다. 적재 후보자의 풀(pool)을 그 기관 내부에서 찾을지, 따로 기관 외부에서 찾을지를 정해야 한다. 기관 외부에서 고른다면 공무원 출신, 전문가, 교수 등 가운데 누가 가장 적합한지 등을 다양하게 분석한다. 후보자별로 적재의 업무를 해결하는 데 누가 가장 적임자인지 등을 냉철하게 검토한다.

넷째, 해당 후보자 중 네거티브 방식으로 한 사람씩 제외하면, 가장 훌륭한 인재를 되도록 빨리 찾을 수 있다. 하지만 통상적으로 인재 발굴 시 적소 문제를 심각하게 검토하지 않는다. 오히려 적재를 적소에 찾으려고 한다. 그러나 '적소(適所)→적재(適材)'를 통한 인사를 할 때 최선의 결과를 얻을 수 있다.

더불어 국가적 중추가 되는 중요한 직위의 인사는 항상 다음을 준비하지 않으면 안 된다. 언제든지, 지금 당장 인사한다고 하더라도 곧바로 적합한 사람을 선택할 수 있도록 미리 준비해야 한다. 복수의 인사 후보자를 늘 염두에 두고, 인물 검증을 충분히 해 둬야 한다.

물론 비밀을 유지하면서 사전에 주요 직위와 관련된 유관 직위나 과업에 참여시켜 인물의 능력을 검증하거나 준비하도록 한다. 후보자 풀도 예상되는 중요한 직위의 내부 인사, 외부 인사를 염두에 둬야 하고, 특히 외부 인사로 한다면 어느 누가 적합한지 등을 분야별로 나눠 복수의 후보자를 발굴해 미리 검증해 둔다.

후보자의 정책 능력뿐만 아니라 도덕적인 부분도 사전에 충분히 검증해두면 인사 속도나 성과 측면에서 매우 효과적이다. 이처럼 중요한 직위에 대해서는 한시라도 시차가 발생하지 않도록 미리 대비하는 전략적인 인사 운영이 절실하다.

혁신 인재 발굴과 다양한 인재 기용

혁신적인 사고나 마인드를 갖춘 인재 발굴이 중요하다. 어느 한 분야에서 두드러지게 성공한 인재는 다른 분야에 등용되더라도 성공할 가능성이 크다. 그런데 이런 인재를 보면, 대체로 공통점이 있다. 생각이 개방되어 있고, 변화를 크게 두려워하지 않는 경우가 많다. 이런 인재를 계속 발굴해 미리 검증해두는 일이 인사 운영에 있어서는 매우 중요하다. 주무 부서에서는 폭넓은 시각으로 혁신적인 인재를 찾는 일을 게을리하면 안 되는 이유다.

다양한 출신의 인재를 기용함으로써 한쪽으로의 쏠림 현상을 막는 일도 역시 중요하다. 앞서 예시한 한국전력 사장의 경우 외부 출신을 기용해 과감한 경영혁신을 시도했다면, 그다음에는 내부 출신을 기용하여 조직을 안정시킬 수도 있다. 그리고 세 번째 인사 때는 공무원 출신을 기용하면 정부 정책과의 연계성을 효율적으로 강화할 수 있다.

이처럼 인사는 다양한 분야의 인재를 기용하여 조직의 성과를 낼 수 있도록 운영해야 한다. 아주 극단적인 경우도 있다. 한국전력 사장 인사 시 전력 분야에 대해 전혀 모르는, 그렇지만 그간 다른 분야에서 발휘한 혁신 마인드로 성공을 거둔 민간 분야의 CEO를 기용하는 방안도 있을 수 있다. 이런 경우는 또 다른 차원의 인사 혁신 사례가 될 것이다. 물론 남녀 성별의 균형을 맞춘 인사 운영도 필요하다.

전문성을 키워주는 전략적 인사

일반적으로 사람들은 자신이 맡은 업무를 싫증 내지 않고 일하는 기간을 대략 2년 정도, 길어야 3년이라고 한다. 이렇게 말하는 이유가 있다. 1년은 적응 기간이고, 다른 1년은 성과를 내는 기간이다. 3년 차에는 맡은 업무를 한층 공고히 하게 된다. 다시 말해 적어도 한 번 인사했다면 당사자에게 2년 또는 3년의 기간을 보장해줘야 제대로 된 성과를 낼 수 있을 것이다.

이러한 측면에서 2년 미만의 전보나 인사는 지양해야 한다. 적어도 3년 간격으로 하는 게 적절하다. 같은 자리에 3년 이상 근무하면 자신도 모르게 타성에 젖거나 매너리즘에 빠질 수 있기 때문이다. 같은 자리에서 자기 생각을 거의 다 적용해서 혁신했기 때문에 새로운 혁신이 더 나오기 어렵고, 또 다른 혁신이 제시되면 이를 예리하게 판단하는 데도 둔감해질 수 있다.

따라서 5년 단임제 대통령의 임기 중에는 부처 장관을 교체한다면 2~3회가 적당하다. 대통령의 임기와 같이 5년을 계속하는 장관이라면 오히려 다른 측면에서 비효율성이 생길 수 있다. 과거 5년 재임 장관에 대한 평가가 그리 좋지 않다는 점도 교훈으로 삼는다.

최고 상위층의 인사와 달리 중상위·중하위 직급은 무엇보다 전문성을 돈독히 하는 인사가 적합하다. 그렇지 않고 너무 심하게 순환시키면 이들 직급의 전문성이나 정책적 성과 측면에서 바람직하지 않은 인사가 될 수 있다. 인재 양성 측면에서도 바람직하지 않다. 따라서 중앙부처의 사무관급 이하 인사는 적어도 3년을 기본으로 인사하는 것이 적절하다. 과장급의 경우는 적어도 2년간 재임하는 것이 좋다.

분야도 전문성을 제고할 수 있도록 유사한 성격의 직군을 묶어 인사하는 것이 도움이 된다. 이런 측면에서 기관의 내부 인사는 물론 필요시 유관기관 외부와 인사 교류하는 방안도 전문성을 제고하는 인사여서 적극적으로 시행할 수 있길 권한다.

결론적으로 '인사가 만사'다. 최고 CEO일수록 인사를 잘해야 한다. 사람의 능력을 냉철하고 깊이 있게 평가하여 최고의 인물이 적소적재에 기용될 수 있도록 해야 한다. CEO의 능력은 적소적재의 인사 운영이 전부라고 해도 과언이 아니다. 적소적재 인사 이후에는 당사자가 일을 잘하도록 분위기만 잘 조성하면 100% 이상 효과가 날 것이다.

모든 일은 인사와 조직, 시스템이 하는 것이다. 최고 CEO는 직원이 최선을 다해 일할 수 있도록 최선의 인사를 해야 하고, 인사 이후에는 이들이 맡은 일을 제대로 할 수 있는 조직과 시스템을 마련해 주면 된다.

공공기관 혁신

현재 대한민국에는 중앙정부 소속 공공기관만 하더라도 350개(2021년 기준)가 된다. 이 공공기관을 좀 더 세부적으로 구분하면 ① 공기업 36개, ② 정부의 기능을 대행하는 준정부 공공기관 96개, ③ 기타 공공기관 218개다.

이 가운데 가장 자산/부채 규모가 크고, 많은 인력으로 구성된 공기업을 중심으로 혁신방안을 모색해 보자. 공기업의 주된 혁신 방향은 공공성 강화에 주안점을 둬야 하지만, 기본적으로는 공기업도 기업 형태여서 민간기업처럼 '경영혁신'과 '기술혁신'을 통해 기업으로서의 경쟁력을 강화해야 한다.

최소한 부채가 늘어나지 않도록 관리해야 한다. 공기업의 경영 부실로 인해 부채가 늘어나면 그 부채는 결국 국민 부담으로 귀결되기 때문이다. 모든 공기업마다 맡고 있는 고유 업무를 혁신하는 혁신 시스템/조직을 구축해야 한다. 이런 기술혁신 체계가 가동되고 획기적인 R&D 등을 통해 신기술을 개발해 비용이 감소하고 효율성이 높아지면 정부는 국민에게 공공서비스를 싸게 공급할 수 있다. 더 나아가 해외에도 높은 가격을 받고 공공서비스를 공급할 수 있게 되어 장기적으로 보면 공기업의 경영혁신에 플러스가 될 뿐 아니라 국민 부담도 한층 줄일 수 있다.

따라서 모든 공기업마다 기술혁신을 할 수 있는 시스템 구축을 제안한다. 이러한 시스템을 도입할 때 공기업의 특성에 맞게 자체 연구소 또는 대학과의 연계, 정부 출연 연구기관과의 협업 등을 통해 추진하면 수월할 것이다. 공기업의 기술혁신 시스템이 가동되어 성공 사례가 생기면, 공공서비스의 질적 제고뿐 아니라 해외 진출 등을 통한 수익 기반도 확충할 수 있을 것이다.

공기업은 사기업과 달리 명확한 주인이 없으므로 체계적으로 관리하지 않으면 방만하게 경영하기 쉽다. 바로 그래서 지속적인 경영혁신이 필요하다. 이런 경영혁신을 실행하려면 계속 모니터링하고 체계적으로 점검할 수 있는 시스템이 작동해야 한다. 이를 통해 불필요한 비용 발생과 방만한 경영이 되지 않도록 유도해야 한다.

기술혁신과 경영혁신을 잘해서 공공서비스의 질을 높이고 비용도 절감시킨 공기업에 대해서는 과감한 인센티브를 부여하고, 반대로 그렇지 않은 공기업에 대해서는 인력·조직 차원에서 과감한 구조개혁 등을 추진해야 한다. 이런 차원에서 기존 공기업에 사장 직속 혁신시스템 구축을 적극적으로 제안한다.

현재 공기업의 경영평가 제도는 실제로 효과가 크지 않다고 생각한다. 공기업의 경영평가를 왜 해야 하는지에 대한 뚜렷한 목적의식이 없기 때문이다. 공기업 경영평가가 성과급을 적절히 나눠 주는 하나의 제도처럼 보이기도 한다.

현재 공기업 경영평가는 ① 평가를 위한 평가라는 인식과 경향이 지배적이고, ② 경영평가 이후 그 평가 결과가 경영의 어떤 부분에 관한 혁신으로 반영되는지에 대한 명확한 피드백이 약하다. ③ 어떤 면에서 공기업도 경영평가에 따른 성과급 배분에만 관심이 있는 것 같다.

이런 안일한 사고로 일관된 공기업 경영평가 제도를 대수술함으로써 경영평가 결과가 공기업의 기술혁신과 경영혁신 등으로 명확히 피드백되도록 해야 한다. 이를 통해 공기업의 효율성을 높여서 저렴한 비용으로 공공서비스를 제공하는 것으로 이어져야 한다.

규제 혁신

규제 혁신은 그동안 대한민국의 모든 정부마다 중요한 이슈였다. 새로운 정부가 들어설 때마다 가장 중요한 국정 의제(Agenda)의 하나였다. 그런데 그토록 중시했는데도 사람들은 왜 아직도 규제 때문에 주식회사 대한민국 구현이 어렵다고 하는 것일까.

규제 혁신은 왜 어려운 것일까. 가장 크게는 현실적으로 마음먹은 것처럼 혁신하기가 쉽지 않기 때문이다. 한 예로 수도권의 경우, 수도권 집중을 방지하기 위한 규제가 너무 많다. 그래서 수도권에 공장 신설이나 증설, 수도권 대학의 정원 확대 등이 어렵다. 아니, 거의 불가능한 현실이다.

그런데 수도권 지역의 공장이나 대학에서는 저마다 규제 혁신을 요구하고 있다. 어떻게 하면 이들이 요구하는 규제를 쉽게 혁신할 수 있을까? 수도권의 규제를 혁신하면, 이와 맞물린 수도권 집중 방지나 지역균형 발전이라는 정책 목표는 어떻게 되는 것일까. 과연 지역에서는 이를 찬성할까. 그렇게 되면 수도권 집중 방지 정책은 어떻게 될까.

상수원 보호구역도 맑은 물 공급이라는 정책 목적을 위해 각종 행위를 제한하는 규제가 많다. 상수원 지역에는 공장 설치나 건축

제한 등이 엄격하여 상수원 보호구역 주민의 어려움도 적지 않다. 그래서 상수원 지역주민은 이러한 규제를 완화해 주기를 요청한다. 과연 이들의 요구대로 기존의 규제를 허물어 쉽게 완화해 줄 수 있을까. 상수원 보호구역 규제를 완화하면 오염이 확대되어 상수원의 물을 먹을 수 없게 될 텐데, 그때는 어떻게 해야 하는가.

이렇듯 국민이 혁신을 요구하는 가장 큰 규제는 어떤 의미에서는 국가의 큰 정책과 직결된다. 이런 정책의 목표를 바꾸지 않는 한, 함부로 지금의 규제를 혁신할 수 없다. 앞서 살펴본, 수도권 집중 방지라는 규제는 우리가 이런 정책 목표 자체를 포기하면 규제 혁신을 할 수는 있다. 하지만 과연 대한민국의 현실상 수도권 집중 방지라는 정책 목적을 규제 혁신이라는 측면에서 쉽게 포기할 수 있을까. 지역균형 발전이라는 정책과도 조화로울 수 있을까.

상수원 보호구역과 관련된 규제는 맑은 물을 공급하기 위한 분명한 정책 목적하에 만들어진 것이다. 그렇기에 우리 국민이 맑은 물 먹기를 포기하지 않는 한, 이 정책을 규제라는 이유로 혁신할 수 있겠는가. 이처럼 국민이 체감하는 규제 혁신은 사실 그 규제가 추구하는 정부의 정책 목표 변경과 맞물려 있어서 쉽지 않다.

규제 혁신의 방향

한 가지 규제가 목표로 하는 정책 방향에 부합하는 보

완 장치가 갖춰지면, 그 범위 내에서 규제 혁신을 검토해 보는 것을 제안한다. 가령 수도권 규제의 경우, 수도권에 공장 증설을 하지 않으면 도저히 안 되는 경우라면, 증설은 허용하되, 증설된 공장에서 나오는 법인세는 그 지역의 발전기금으로 적립해 지역에 투자하도록 하는 방안 등이 보완되어야 한다.

규제 완화에 따른 이익을 손해를 보는 대상에게 돌려줌으로써 당초에 목표로 한 정책 목적과 균형을 이루는 교환방식을 제안한다. 그러나 이러한 교환방식도 매우 제한적으로 허용되어야 한다. 불가피한 경우에만 최소한으로 이루어져야 한다. 만약 누구든 요구만 하면 들어주는 식으로 적용된다면 문제다. 이렇게 운영하려면 오히려 정책의 목표 자체를 바꾸는 것이 바람직한 정책 구현 방향일 것이다.

국가의 큰 정책과 관련된다고 하더라도 작은 규제에는 기본적으로 적극적인 혁신이 필요하다. 작은 규제를 존치했을 때의 이익과 완화했을 때의 이익을 비교 형량하여 규제를 완화했을 때의 이익이 크고, 그 이익을 규제를 존치했을 때의 혜택 대상에게 교환해 주는 방식으로 규제 완화 여부를 판단하면 어떨까.

이런 원칙은 지키되 형평을 고려한 방식을 도입하면, 규제 혁신을 적극적으로 추진할 수 있다. 작은 규제는 혁신을 적극적인 목표로 두고, 혁신 이후에 연속될 이익 교환 등을 통해 규제 혁신의 수용성을 높여주면 국민의 체감도가 높을 것이다.

무조건 규제를 혁신한다고 하면, 국민은 막연하게 몇 건의 규제를 혁신한다는 하향식을 말하게 될 것이다. 이런 하향식 규제혁신은 비록 건수는 늘어날지 모르나 체감도는 매우 낮다. 따라서 국민으로부터 구체적인 규제 완화 요청을 받은 후 규제를 적합하게 해결해주는 방식을 제안한다. 제안된 규제는 '규제혁신심판소'를 통해 판단한다.

이 규제혁신심판소는 행정기구로서의 역할을 맡게 하고, 가능한 한 국민의 입장에서 판단하도록 운영한다. 이런 방식으로 규제혁신에 대한 국민의 체감도와 만족도를 함께 높여야 한다.

행정부와 입법부의 규제 혁신

현실적으로 국민이 생각하는 규제에는 공무원의 소극적인 자세도 포함된 듯하다. 다시 말해, 국민은 공무원의 소극적인 행태를 가장 체감하는 규제로 인식하고 있다.

주로 국민이 제기하는 민원 사항에 대해 담당 공무원이 불친절하고 시간을 끌거나 합리적이지 않은 사유로 처리해 주지 않을 때, 가장 큰 규제로 생각하는 경향이 많다.

이제 공무원은 국민이 제기한 민원을 보는 시각을 넓혀야 한다. 그 민원을 주식회사 대한민국의 주주들이 제기하는 문제로 인식해야 한다. 핵심 사원인 공무원은 더 적극적으로 사고해야 하고, 민원을 제기한 국민의 요구를 가능한 도와주려는 마음가짐으로 응해야 한다. 친절한 대응도 민원 해결의 하나다.

국민이 제기하는 민원을 마치 자기 일처럼 여기고 응대할 수 있도록 공무원을 교육해야 한다. 적극적인 규제 혁신에 대해서는 면책 등 더 적극적인 보호 장치도 마련해야 한다. 이렇게 서로 이해하는 차원의 교육과 제도가 마련될 때 공무원은 적극적으로 나설 수 있다.

행정부에서는 규제 혁신을 위해 몇 건의 규제를 줄였다는 등의 성과를 이야기하고, 행정부 입법 시에는 규제 영향평가를 통해 불합리한 규제의 신설을 제한한다. 또한 국무조정실에서는 규제개혁실을 상설 운영하면서 규제 혁신을 추진하고 있다. 그런데 국회 입법에 따른 규제 신설을 통제하는 장치가 없다. 이런 상황에서는 행정부가 규제를 아무리 축소해도 국회 입법 과정에서 규제가 늘어나는 바람에 그 효과가 반감된다.

국회 입법의 규제 신설을 제한하는 제도적인 장치가 필요하다. 여러 차례 규제 신설에 대한 통제적 장치 마련을 국회에 요청했지만, 국회의 입법권 제한이란 논리 때문에 소극적이다. 국회의 입법에 대한 규제 평가를 하는 곳은 국회 자체다. 엄격히 말하면 규제 평가는 국회의 입법권 제한일 수 없다. 될 수 있으면 빠른 시일

내에 국회 입법에 의한 규제 신설을 제한하는 합리적인 제도가 반드시 마련되어야 한다.

부처 혁신

국방 혁신

국방 혁신의 중요한 방향은 세 가지다. 첫째, 최근의 AI 등 기술 변화를 반영하여 최첨단 국방 혁신을 추진한다. 둘째, 대한민국의 인구 감소 추세 등을 감안하여 새로운 국방인력 운용 전략을 세운다. 셋째, 이와 함께 육/해/공군의 군별 특성을 감안한 인력 운영 혁신이다.

최근 인공지능, 드론, 빅데이터 등 디지털 분야의 기술 발전이 빛의 속도로 변하고 있다. 이러한 시대적 변화 추이가 반영된 신기술을 국방 분야에 적용해야 하고, 국방 혁신을 추진해야 한다. 또한 한 가정마다 국방의 의무를 져야 할 남성의 수가 채 한 명도 되지 않는 상황임을 고려하면 소중한 병력의 소실을 최대한 막을 혁신적인 방안이 필요하다.

가장 먼저 드론 전투단을 최첨단으로 구축하자. 드론에 스텔스 기능을 적용하고, 전장 상황을 고려해 큰 드론, 작은 드론을 만들자. 여기에 인공지능을 접목하자. 미래의 전투는 스텔스 AI 드론

이 전장의 선봉에 나서서 선별적 선제공격을 하는 형태가 될 것이다. 현재 운영 중인 전투기보다 훨씬 더 위력을 발휘할 스텔스 AI 드론이 모든 전투를 주도하게 될 것이다. 실제로 지금의 전투기에 비해 스텔스 AI 드론의 가격도 저렴하다. 경제적이고 날렵하며, 무인기로 운영된다.

공군력을 이런 스텔스 AI 드론으로 무장할 때, 현대전의 양상은 완전히 달라진다. 스텔스 AI 드론에게는 정확한 전투 상황 데이터만 제공하면 된다. 스텔스 AI 드론이 이 데이터와 연결되면 모든 전투 상황에 대한 실시간 정보를 바탕으로 전쟁을 주도할 것이다. 아군의 인명 피해 없이 적군을 초토화할 것이다.

이를 위해 우리가 갖추어야 할 것은 세계 최고의 기술개발이다. '스텔스 AI 드론 개발사업단'을 구성하여 세계 최고의 스텔스 기능을 갖춘 AI 드론 개발에 총력을 기울이자.

앞으로의 전쟁에서는 대한민국의 소중한 청년들이 직접 전투 현장에 투입될 필요가 없다. 미래의 전장에는 AI 로봇을 전투에 투입한다. 인간의 형상을 한 휴머노이드 AI 로봇일 수도 있고, 다른 형태일 수도 있다. 미래전은 전쟁 상황에 대한 실시간 데이터와 연결된 휴머노이드 AI 로봇이 전황을 정확히 알고, 실제 전투 상황에 맞는 작전을 수행하는 전투가 될 것이다.

휴머노이드 AI 로봇을 개발하기 위한 '휴머노이드 AI 로봇 개발사업단'을 구성하여 R&D를 강화하자. 앞으로의 전투는 휴머노이드 AI 로봇 전투단과 스텔스 AI 드론 전투단이 실시간으로 정보를 공유하면서 세계 최강의 전투를 수행할 것이다.

대한민국의 인구구조 변화 등을 감안하여 군 병력 운영 시 현 징병제와 더불어 모병제 도입을 검토할 때다. 군의 전투함정, 항공기 등 주로 중장비를 운영하는 해군과 공군은 기술과학 군으로서의 직업 군인이 운용하는 모병제 도입을 검토하자. 육군 중에서도 헬기와 탱크 등 중장비 운영 직무나 정비 분야 등에도 모병제를 도입·운영함으로써 전문 기술력의 향상과 함께 효율성도 높이자.

대한민국은 급속한 저출생 등에 따른 병력자원이 줄어들 수밖에 없다. 앞으로는 군대 병력을 남성만으로 유지·운영하기 어렵다. 따라서 군 업무 중에서 반드시 남성이 필요하지 않은 분야에는 가능하면 여성 인력의 활용을 확대해야 한다. 군의 특정 업무 가운데는 여성의 섬세함이나 여성적 특성이 더 효율적인 업무도 많을 것이다.

중장기적으로 휴머노이드 AI 로봇이 실전에 배치되면, 전투는 이 로봇이 수행하게 될 것이다. 그러면 인간의 군 배치와 업무 형태도 달라질 수 있다. 물론 이런 성별을 따지지 않는 업무 형태가 안착하기 이전에는 부족한 병력자원에 여성 인력을 확대·활용하는 방안을 적극적으로 검토해야 한다.

국토교통 혁신

국토교통 분야 투자에서도 향후 기술 발전이나 인구구조 변화 등을 반영한 혁신방안을 검토해야 한다. 특히 도로나 철도 등 SOC 투자에 있어서는 글로벌 상황과 국내 상황을 선제적으로 예측해 투자를 결정해야 한다.

앞으로 다가올 미래 도시는 인공지능과 연계된 스마트 도시가 될 것이다. 여기에 대비하여 교통, 주거 분야 등이 포함된 스마트 도시를 건설할 기술개발에 역점을 둘 필요가 있다. AI+도시, AI+교통, AI+주거다.

구체적인 실행을 뒷받침하기 위해 '스마트 인프라기술혁신국'의 신설을 제한한다. 스마트 인프라기술혁신국에서는 스마트 도시, 스마트 SOC 구축의 기반인 기술개발에 중점을 두고 민간과 대학, 국책연구소 등과 협업하여 연구개발과 실용화를 추진한다.

대한민국의 인구 감소 추이를 고려할 때, 신규 SOC 투자에는 미래 인구 현황과 변동, 지역의 소멸 전망 등을 감안해 투자를 결정해야 한다. 주택을 건설할 때 이러한 인구구조 변화를 고려하지 않으면 재원 배분의 비효율성이 엄청나게 클 수밖에 없을 것이다. 예를 들어, 인구가 급격히 줄어드는데 재원이 많이 소요되는 SOC

건설이나, 또는 인구 소멸 지역에 주택을 많이 건설하는 게 아닌지를 철저히 점검해야 한다.

앞으로 국토교통 정책을 추진할 때 인구 측면과 글로벌적 시각에서 SOC 투자 결정해야 한다. 글로벌 시각에서 수요 창출에 도움이 되거나, 글로벌 경쟁력을 갖추는 데 도움이 되는 국토교통 정책을 추진해야 한다.

농림수산 혁신

스마트 농업과 스마트 수산이 국가의 미래 먹거리 분야다. 이를 뒷받침하기 위해 농림축산식품부에는 '스마트 농림축산식품기술혁신국'을, 해양수산부에는 '스마트 해양수산기술혁신국'을 각각 신설하자. 이를 기반으로 대한민국을 스마트 농업, 스마트 어업 등에 있어서 세계 1등 국가로 만들자. 스마트 기술과의 접목은 이들 두 분야가 시급히 혁신해야 할 방향이다.

쌀 생산은 국가 식량 안보적인 측면에서 유지하자. 이외에는 농림수산 생산의 부가가치를 높일 수 있도록 하자. 딸기와 참외 등 수출이 가능한 품목의 유통기간을 늘리는 연구를 하자. 딸기와 참외는 유통기간이 짧은 게 단점이다. 이들 품목을 해외에 수출하려면 항공으로 운송해야 한다. 그런데 항공 운송은 물류비가 많이 들어서 수출 경쟁력이 약하다.

해상 운송을 해도 충분할 정도로 두 품목의 유통기간을 늘릴 수 있는 품질 개선방안을 개발하자. 두 품목의 유통기간을 늘리면 대한민국의 새로운 고부가가치 수출품이 될 것이다. 꽃도 잘 시들지 않고, 오래가는 꽃을 키우는 연구를 하자. 부가가치를 높이는 화훼 산업에 정책적 우선순위를 두자. 그래서 가까운 중국, 일본 등에 세계 1등의 꽃을 수출하자.

문화관광 혁신

최근 전 세계적으로 유행하는 한류는 선택과 집중을 통하여 가장 혁신해야 할 분야다. 세계 최고의 기술과 연계한 한류 콘텐츠를 개발해야 한다. AR, VR, 메타기술 등 최신 기술을 한류 문화콘텐츠에 접목함으로써 세계의 문화 시장을 사로잡자. 특히 대한민국은 디지털 기반이 매우 우수한 나라다. 이러한 디지털 기술을 한류에 적용하여 문화와 디지털 기술의 융합을 통한 최첨단 한류 문화를 생산하자.

문화체육관광부에 '스마트 문화콘텐츠기술혁신국'을 신설하자. 이를 기반으로 세계 사람들이 놀랄 만한 한류 문화콘텐츠 생산에 총력을 기울이자. 외국인 관광객이 자주 찾는 지역에 선택과 집중을 통한 문화전략을 구사하고, 최신 디지털 기술이 접목된 한류 문화콘텐츠를 다채롭게 생산하여 배치하자. 그래서 세계 사람들이 한류 문화콘텐츠에 감동 받아 다시 찾는 관광지로 만들어야 한다. 이런 변화하는 세계의 문화적 추세가 반영되지 않는 투자로는 기대 효과를 끌어내기 어렵다.

문화콘텐츠 육성과 지역의 관광지 개발은 반드시 함께 추진되어야 하고, 융합되어야 한다. 세계적 수준인 한류 문화콘텐츠가 지역 관광지와 접목될 수 있도록 하자. 그래서 관광객에게 숨겨진 볼거리가 가득하다는 것을 알려주는 등 이들의 기대 효과를 충족시켜야 한다.

환경 혁신

환경을 개선하는 각종 미래 기술 분야는 대한민국의 국가 경쟁력을 높일 분야가 될 것이다. 환경 분야 최첨단 기술개발에 중점을 두고 정책을 추진하자. 일례로 쓰레기 소각 기술만 제대로 개발하면, 넘쳐나는 쓰레기 매립에 따른 많은 문제를 해소할 수 있다.

지구촌의 미래는 극심한 물 부족이 예상된다. 물의 수량을 확보할 다양한 저수지, 소규모 댐, 지하 저수조 등을 집중적으로 개발하자. 이와 더불어 수질을 개선할 정책과 기술 개발에도 힘쓰자. 아직도 수돗물에 대한 불신이 지배적이다. 아무리 수돗물이 깨끗하다고 해도 사람들은 잘 믿지 않는다. 오/폐수관의 명확한 분리 작업 등을 지속적으로 추진함으로써 질 좋은 수량 확보에 정책적 주안점을 두고 추진하자.

물 정수도 중요한 환경 과제 중 하나다. 오염이 점점 심각해지고 있는 지금, 물을 잘 정수하고 건강에 도움이 되는 물을 개발하자. 환경부에 이 모든 것을 총괄할 '스마트 환경기술혁신국'을 신설하자.

적재적소가 아닌 적소적재

혁신 인재 발굴과

다양한 인재 기용

전문성을 키워주는

전략적 인사

이것이 인사혁신이다

재정
혁신

재정 투자 혁신
예산 운영 혁신
세금 혁신
기부금 혁신
보조금 혁신

혁
신

재정 투자 혁신

지금 지방에 가면, 과거 00박물관, XX전시관 등 각종 건물과 시설 위주의 하드웨어에 많이 투자됐다는 것을 알 수 있다. 문제는 무엇보다도 지금도 또 앞으로도 이런 건물과 시설을 찾아오는 관람객이 별로 없고, 건물과 시설 유지 관리에만 지방 재정이 많이 투입되고 있다는 점이다.

투자 측면에서 보면 어떤가. 한마디로 잘못된 투자다. 만약 여기에 빚까지 내어 투자했다면, 진짜 문제다. 빚을 갚을 길이 점점 더 멀어지기 때문이다. 오히려 건물과 시설 등을 유지하는 데 운영비만 계속 들어가고, 점점 빚이 늘어날 수 있다.

어떤 관광 시설 투자가 국내 관광객만을 대상으로 했다면, 앞으로의 상황은 점점 더 어려워질 것이다. 갈수록 국내 총인구수가 줄어들어 국내 관광 수요도 따라서 줄어들 것이고, 덩달아 지금의 건물과 시설을 찾는 국내 관광객의 수요도 계속 위축될 수밖에 없다. 이는 아주 잘못된 투자다.

도로도 마찬가지다. 지금도 지방에는 차가 별로 다니지 않는 도로가 수두룩하다. 앞서 말한 것처럼, 지방의 인구수가 줄면 도로 이용 수요도 더 줄고, 오가는 차량 수는 더욱 줄 수밖에 없을 것이다. 이런 투자는 어떻게 해야 하는가.

국내의 인구구조 변화 방향을 고려

바로 그래서, 국가 차원에서 재정 투자의 내용은 매우 중요하다. 미래의 국가발전 방향, 인구 구조변화 등을 예측하여 투자 방향을 잘 설정해야 한다. 만약 이런 변화의 방향을 선제적으로 예측하지 못하고 투자하면 낭패를 볼 수밖에 없다. 그로 인해 국가 재정의 낭비는 물론이고, 국가 빚까지 더욱 쌓여 국가로서는 이중 삼중의 고초를 겪게 될 것이다.

앞으로 재정 투자를 결정할 때 구체적인 투자 내용이 시대 변화와 발전 방향에 부합하는지 즉 재정 투자의 성과가 날 수 있는지 등을 철저하고 객관적이며 체계적으로 검토하여 결정해야 한다. 가장 먼저 국내의 인구구조 변화 방향을 감안해야 한다. 누가 봐도 인구 감소가 명확히 예상되는 지역이라면 특히 그러하다.

앞으로 인구구조가 달라졌을 때를 생각해, 지금 추진하는 재정 투자가 과연 그 수요를 유지할 수 있을지를 철저히 검토한 뒤 결정해야 한다. 그렇지 않으면 어떤 결과가 생길까? 투자한 뒤 몇 년 지나면, 아무도 사용하지 않는 유휴 시설물만 남게 될 것이다. 상황이 더 나쁘면, 각종 폐허 시설물의 적치장이 될 수도 있다.

특히 공항, 철도, 도로 등 사회간접자본 시설의 경우, 인구구조의 변화를 선제적으로 감안하여 투자 여부를 결정해야 한다. 거대한 시설을 만들어 놓고서도 사용하는 사람이 없으면, 참으로 어떻게 해야 할지 난감할 뿐이다. 오죽하면 사람들 사이에서는 큰 비용을 들여 공항을 지었지만, 이용자가 없어 비행기가 뜨고 내릴 활주로에 고추를 말린다는 소문이 돌 지경이다. 이런 시설과 건물을 어떻게 사용해야 할 것인가.

글로벌 측면에서 수요 창출 여부 고려

글로벌 측면에서 수요 창출 여부를 검토해야 한다. 지방의 경우, 국내 인구 감소에 따라 앞으로의 수요는 갈수록 더 줄어들 것이다. 따라서 지방 투자는 글로벌 측면에서 관광객 수요가 증가한다든지, 글로벌 이주가 늘어난다든지 혹은 국내 거주 인구가 증가한다든지 등의 상황을 철저히 분석하고 전망한 자료에 기초하여 투자 여부를 결정해야 한다. 외국인 관광객이 찾도록 할 유인책을 마련하고, 그로 인해 외국 관광객의 증가가 예상된다면 투자를 결정하면 된다. 이런 성과가 널리 알려져 더 많은 외국 관광객이 찾는 선순환 구조가 이뤄진다면 더할 나위 없다.

성과가 빨리 나타날 분야를 선택하고 집중투자해야 한다. 지방의 투자 재원은 한정되어 있다. 그렇기에 한정된 재원을 또 분산 투자하면, 종료 때까지 오래 걸릴 뿐 아니라 투자 효과도 반감되는 사례가 많이 생길 수밖에 없다. 따라서 가능하면 되도록 성과가 빨리 나타날 수 있는 분야와 지역에 비록 한정된 재원이라도 집중적으로 투자하여, 사업 효과가 빨리 나타날 수 있도록 해야 한다. 투자 지역이나 규모에서도 현명한 선택과 집중이 필요하다. 이런 방법을 채택하면 그나마 기대하는 성과도 빨리 거둘 수 있을 것이다.

지속적인 성과 평가를 통해서 추가 투자 여부 등을 결정한다. 투자 성과는 상황에 따라 계속 변할 수밖에 없다. 추가 투자를 확대하면 그 성과를 지속적으로 평가하고, 철저히 모니터링하고 피드백해야 한다. 특히 피드백의 결과를 분석해, 성과가 좋은 경우에는 추가 투자를 통해 더 좋은 성과를 거둘 수 있도록 체계적인 관리가 필요하다.

예산 운영 혁신

대한민국의 재정 규모는 중앙정부 예산만 해도 657조 원(2024년 기준)에 달한다. 그러나 이 엄청난 재정 규모는 일반 국민이 명료하게 알 수 있을 정도로 정리되어 있지 않아 제대로 파악하기 어렵다. 일반적으로 각 부처의 예산 구조는 시대 상황 변화를 반영해 즉각적으로 바뀔 수 있는 구조가 아니다. 심지어 어떤 부처는 수년간 아무런 변화 없이 그대로인 경우도 적지 않다. 이제 전 부처의 예산 구조는 시대 변화를 반영해 지속적으로 혁신해야 할 때다.

전 중앙부처의 예산 구조는 다음과 같다.

① 기본경비 : 인건비, 운영 경비(업무추진비, 행정경비), 기타 경비
② 의무지출 : 법정이자, 반드시 지출해야 하는 필수비용 등
③ 경상사업비 : 연례적으로 소요되는 사업비
④ 주요 사업비 : 부처의 주요 사업비로 가장 중요한 부분이다.

위에 열거한 예산 중 ① 기본경비, ② 의무지출, ③ 경상사업비는 부처의 '일반사업비'로서 기본적으로 부처를 운영하는 데 일상적으로 드는 비용을 말한다. 이 비용은 정책적 판단이 크게 요구

되지 않아서 사실 고정적인 지출에 가까운 경비다. 반면 ④ 주요 사업비는 재량적 지출 등 중요한 경비에 속한다. 이 주요 사업비를 얼마나 효율적으로 사용하는지에 따라 전체 예산의 생산성과 직결된다.

부처별 주요 사업비에 대해서는 시대 상황, 투자 성과, 투입 속도 등에 대한 철저한 분석을 통해 매년 전략적으로 운용해야 한다. 특히 주요 사업비 가운데, 유사한 형태의 예산은 여러 부처를 연계해서 예산 구조를 짜야 한다. 즉 탄소경제 예산은 주요 사업비로 부처마다 편성되어 있다. 따라서 전체 부처의 주요 사업비 중 탄소경제 예산을 연계하여 정부 전체 생산성이 제고되도록 예산 구조를 조정해야 한다.

이런 방법을 도입하면 예산 구조가 부처 간, 사업 간에 중복되지 않고, 서로 연계하여 시너지를 낼 수 있어 예산 구조의 정합성을 높일 수 있다. 이러한 예산 구조의 혁신은 해마다 이루어지는 예산 편성 이전에 점검하여 정합성을 높이거나, 아니면 적어도 3~5년 주기로 반드시 조정할 수 있도록 해야 한다.

예산 편성

예산 구조의 혁신을 토대로 구체적인 성과를 낼 수 있게 예산을 편성해야 할 때다. 이렇게 예산 구조의 혁신 측면에서 살펴본 ① 기본경비, ② 의무지출, ③ 경상사업비는 실무 단위에서 인력 현황, 법정 소요, 과거 경험 등을 바탕으로 적정한 소요를 산출하면 되기 때문에, 담당과 또는 국별로 편성하면 큰 효과를 거둘 수 있을 것이다.

그러나 ④ 주요 사업비에 대해서는 ⓐ 성과 평가 결과, ⓑ 국가적인 시급성·우선순위, ⓒ 부처 간 사업비의 연계 효과 등을 종합적으로 고려하되, ⓓ 예산 투입의 생산성·효율성이 제고되도록 철저한 분석과 토론을 거쳐 예산을 편성해야 한다.

부처별로 주요 사업비를 카테고리화하고, 이를 전 부처에서 다시 분야별로 정리한 뒤, 이를 함께 평가하여 예산을 배정하는 방식으로 혁신하면 큰 효과를 거둘 수 있다. 예를 들어 어느 한 부처의 주요 사업비 중 '디지털 관련 예산' 분류가 있다면, 이 분류의 예산을 전 부처로 확대하여 취합하고, 함께 예산 편성 심의를 진행하는 것이다. 이를 통해 전 부처 예산의 우선순위, 연계, 조정 등을 거치면 예산 편성의 생산성을 높일 수 있다.

재정성과 관리

주요 사업비에 대해서는 성과 관리가 철저해야 한다. 먼저 주요 사업의 집행 성과가 당초에 목표로 한 정책성과를 달성하고 있는지를 철저히 점검하되, 만약 제대로 성과가 나지 않으면 철저히 구조조정을 해야 한다. 어떤 대규모 프로젝트가 진행되는 과정이 있다고 하면, 해마다 성과 평가를 통해 애초 목표로 정한 정책 방향에 부합되는지를 제로베이스에서 계속 점검해야 한다. 또한 주요 사업비는 우선순위에 따라 선택과 집중 방식으로 최대한 성과가 조기에 나타날 수 있도록 해야 한다.

이를 위해서는 어느 하나의 사업만 성과 평가하는 것이 아니라, 여러 부처의 관련 사업을 묶어서 통합적인 성과 평가도 함께 추진해야 한다. 예를 들어 저탄소 사업의 경우는 각 부처의 사업을 모두 모아 성과 평가를 하되, 사업의 우선순위에 따라 부처 간 사업의 우선 추진 순위나 속도 등도 탄력적으로 조정해야 한다.

파급 효과가 큰 핵심 사업은 재원과 역량을 집중하는 성과 관리가 중요하다. 핵심 사업을 해결하면 다른 부수 사업은 쉽게 해결될 수도 있기 때문이다. 사업간 경중, 추진 속도 등을 체계적이고 합리적으로 조정하여 주요 사업의 성과를 내지 않으면 재정을 성공적으로 운영할 수 없다.

결론적으로 개별 사업만의 성과 관리 또는 연관사업의 종합적 성과 관리, 그리고 성과 관리를 반영하여 사업의 우선순위를 조정하는 등 생동감 있고 상호 유기적인 예산 편성이 반드시 체계적으로 이루어져야 한다.

세금 혁신

어느 국가에 살든 누구든 소득이 발생하면 그 나라에 당연히 내야 하는 것이 세금이다. 납세는 국민의 의무 중 하나다. 그런데 현재 국민 중 일부는 세금을 내지 않는 것을 '절세'라면서 자랑한다. 사실 그들이 말하는 건 절세가 아닌 '탈세'인데도 말이다. 따라서 이들의 탈세가 '절세'로 포장되지 않도록 엄격한 제도적 장치가 마련되어야 한다.

누구든 자발적으로 세금 내는 것을 자랑스럽게 하는 방향으로 제도를 마련하면 되지 않을까. 그래서 세금을 낸 사람을 개인별로 집계하여, 많은 세금을 낸 국민에게 국가 차원에서 명예로운 시민임을 칭송하게끔 하는 방안을 제안한다.

점수 제도 확대

그 한 방법이 세금 점수(point) 제도다. 예를 들어 세금 1,000원당 1점의 점수를 부여하고 낸 세금만큼 점수를 누적한다. 이 점수는 개인소득에서 자신이 직접 낸 세금의 경우에만 부여한다. 법인은 점수 획득 대상에서 제외한다. 개인에게는 세금을 많이 낸 만큼의 점수를 부여하고, 그 누적된 점수를 매년 국세청 홈페이지에 공표하자.

이렇게 공개적으로 제도를 운용하면, 매년 누가 세금을 얼마나 많이 냈는지 알 수 있고, 국가에서 고득점 납세자에게 훈장을 수여하는 등의 방법을 통해 세금을 많이 내는 것이 범국가적으로 자랑스러운 일이 되도록 만들 수 있다. 가령 우수 납세자가 공항을 이용할 때 항공기 이용 횟수와는 상관없이 범국가 차원에서 우수 고객으로 인정하고, 귀빈실도 이용하게끔 하자. 이런 사회적 유인이 생기면 탈세할 꼼수도 줄어들게 될 것이다.

이처럼 사회적으로 세금을 많이 내는 분위기가 조성되고 국가적으로 세수가 늘게 되면, 국가는 그 재원으로 저소득층 지원, 사회적 인프라 구축, 국가발전 등에 사용할 수 있을 것이다.

지역별 차등 부과

현재 우리나라의 세금 제도는 국민이 어느 지역에 살던 같은 세율을 적용하고 있다. 그런데 왜 꼭 세금이 같아야만 하는가. 앞으로 세금의 세율을 정책 목적에 따라 차등화하면 안 되는가. 예를 들어, 법인세의 경우를 새롭게 고민해보자. 지금은 회사가 어느 지역에 위치하든 같은 세율을 적용받는다.

하지만 앞으로 수도권의 인구 과밀을 해소하고 지역균형 발전 차원에서 회사 소재지를 수도권에 위치하면 높은 세율을, 비수도권에 위치하면 낮은 세율을 차등 적용하면 어떨까. 그러면 낮은 세율이 적용되는 비수도권으로 기업의 이동 가능성이 조금이라도 높아지지 않을까. 만약 양도소득세도 수도권과 비수도권을 차등화하면 어떨까.

이처럼 세금을 국가의 정책 목적에 따라 다양하게 차등화하면, 전체 세수는 같게 하면서도 국가의 정책 목적을 달성하는 데 합리적일 것이다. 수도권보다 비수도권의 세율이 낮고, 비수도권 내에서는 광역시보다 기초 자치시/군의 세율이 더 낮추면 정책 목적의 달성은 훨씬 더 쉬워질 것이다. 이런 세율 제도를 도입하면 자발적인 공장 이동에 의한 합리화(Voting by Foot)가 이루어지지 않을까.

기부금 혁신

대한민국은 서양에 비해 기부 문화가 활성화되어 있지 않다. 왜 다른 나라와 달리 기부하는 것에 인색할까. 가장 큰 이유는 전통적인 유교 문화권에서 행해지는 제사나 자녀에 대한 가업 자산 승계 같은 문화에 따른 기부의 후 순위, 또 기부 사용처의 투명한 공개 등이 확보되지 않는 점 때문이 아닐까.

세금과 마찬가지로 기부에 대해서도 어떤 형태로든 사회적 혹은 범국가적 영예(Honor)를 부여하면, 국민의 자발적 기부문화가 활성화되지 않을까. 기부문화 활성화와 관련해 아래 두 가지를 제안한다.

세금보다 훨씬 더 많은 점수 부여

하나는 기부금에 대해서는 세금보다 훨씬 많은 점수(point)를 부여한다. 기부금은 세금을 내고 난 이후 개인의 순수재산이기 때문이다. 개인의 순수재산 중 일부를 국가나 공공단체에 기부한다는 것은 납세 의무가 아닌 만큼, 국가에서는 더 많은 점수를 부여해야 한다. 기부는 세금보다 훨씬 자발적인 행위로써 국가나 공익에 대한 개인의 자발적인 헌신이다. 따라서 세금을 많이 낸 사람보다 기부행위를 한 사람에게 더 많은 명예를 주는 것이 기부에 대한 중요한 유인이 될 수 있고, 기부문화 정착에도 크게 이바지할 수 있을 것이다.

기부하는 것을 더욱 자랑스럽고, 더욱 명예스럽게 하자. 예를 들어, 세금을 1,000원 내면 1점의 점수를 부여하고, 동일 금액의 기부금 1,000원을 내면 10배의 점수인 10점을 부여함으로써 기부자의 삶을 모두가 존경하게 만들자.

기부자 중 일정 점수를 넘어서거나, 특히 어렵고 힘들게 모은 돈을 기부할 때는 국가가 그의 삶에 최대한의 명예를 부여하자. 국가 주도로 좋은 곳에 기부자의 삶을 기리는 명예의 전당을 만들어 기부자의 이름을 올리도록 하자. 이 외에도 기부자가 출입국이나 정부 운영기관, 공공주차장 등을 이용 시 명예시민의 혜택을 주는 방안 등도 검토하자. 정부가 제공할 수 있는 최대한의 예우를 갖추자.

이런 다각적인 노력 등을 통해 대한민국의 기부문화가 활성화되도록 하자. 국가나 공공단체로서는 이들로부터 받은 기부금을 투명하게 활용해야 하고, 저소득층 지원, 장학금 확대 같은 공익사업을 펼쳐나갈 재원을 마련할 수 있을 것이다. 기부자도 행복하고, 기부금으로 지원받는 자도 다 같이 행복한 상생 전략이 가능한 사회, 기부문화가 정착되는 국가를 만들 수 있다.

만약 기부자 본인이나 자녀가 경제적 어려움 등이 발생할 때 기부한 금액의 일정 비율을 환급하는 제도도 파격적으로 운영하자. 기부자 본인 또는 기부자가 지정한 후손에 한하여 환급 요건이 충족되면, 기부한 금액의 일정 비율(예: 30% 등)을 환급하는 제도 등을 체계적으로 운영함으로써 우리 사회에 기부 문화가 활성화되도록 하자.

개인 설립 기부재단에 대한 비용 불인정

다른 하나는 개인 설립 기부재단에 대한 비용 사용을 인정하지 않는 것이다. 현재 대한민국은 개인이 기부재단을 설립한 뒤, 그 기부재단에 직접적인 재단 관련자가 기부할 때도 기부금으로 인정하고 있다. 이제 이런 내부 거래식 기부제도는 혁신되어야 마땅하다.

기부자 개인이 만든 기부재단의 이사회를 구성하고, 그 이사회를 통해 기부금 사용에 관해 결정하는 구조는 본래의 기부금 제도 운용의 취지에 맞지 않는다. 이는 한마디로 개인 기부 재단에 불과할 수 있다. 솔직히 말하면 이런 식의 기부는 세금 회피 수단으로서의 기부재단일 수밖에 없다 .

말만 기부일 뿐, 실제로는 기부금 제도의 본래 취지대로 운용되지 않을 가능성이 크다. 이런 형태의 기부에 대해 국가가 혜택을 주는 것은 기부금 제도 도입의 순수한 취지에 어긋난다. 따라서 현재 개인이 설립한 기부재단에 대한 기부금 비용인정 제도는 혁신해야 하고 개편하는 게 바람직하다.

기부는 국가나 공공단체에 하는 경우에만 인정하자. 개인이 기부재단을 설립하고 개인이 주도하는 이사진에 의한 기부금 운영에 대해서는 국가가 인정하는 비용처리 가능 기부로 인정해선 안 된다. 기부는 기부하는 당사자의 영향력에서 완전히 벗어나 독립된 기부재단에서 운영하는 기부만 인정하자. 이렇게 해야 진정한 의미의 기부가 활성화될 수 있다.

독립적인 운영기관에 의해 기부금이 투명하게 운영, 공개되어야 한다. 특히 여기서 국가가 감독해야 할 부분이 있다. 기부받은 국가나 공공단체는 기부금의 사용을 투명하게 결정하느냐를 살피는 것이다. 물론 기부하는 사람의 취지를 반영하여 운영할 수는 있다. 그러나 기부금 운영에 대해서는 매년 말에 전 국민이 알 수 있도록 투명하게 공개하면 된다. 기부자든 아니든, 누가 보더라도 한 점 의문이 들지 않도록 공개하자. 이런 투명하고 혁신적인 방향으로 기부금 제도를 개편하면 기부금 제도의 본래 취지도 살아나고 기부문화도 사회적으로 정착될 것이다.

보조금 혁신

어느 국가든 각종 보조금 제도를 운용한다. 보조금 제도는 대한민국 어느 지역에 소재하든 수혜 대상만 같으면, 차등하지 않는다. 서울에 있든, 지방 외진 곳에 있든 모두 같다. 그런데 이런 같은 보조금 제도를 정책과 목적에 맞게 차등화하면 어떨까.

보조금의 차등 지급

수도권-비수도권, 광역시/도-중소도시-군 등으로 나눠 지급 보조금을 정책 목적에 따라 차등화하면, '발로 투표하기(Voting by feet)'가 이루어지지 않을까. 말하자면 수도권보다 비수도권에 더 많은 보조금을, 광역시에 사는 것보다는 중소도시, 중소도시보다 군 지역에 소재할수록 더 많은 보조금을 지원하면 어떨까.

이렇게 되면 국민은 어느 지역에 소재하기를 더 선호할까. 물론 보조금 제도의 차등화는 명확한 정책과 분명한 목적별로 구조를 체계적으로 만들어 시행해야 할 것이다. 특히 세금이나 보조금, 또는 정부의 각종 지원정책이 국가·사회의 문제를 해결하는데 제대로 도움 되는 방향으로 제대로 설계·운영되는지 철저히 점검한 뒤 판단해야 할 것이다. 물론 국민적 합의도 끌어내 시행해야 추진력도 얻을 것이다.

만약 기존의 보조금 제도를 차등화하는 것이 사회적 통합을 저해하고 오히려 갈등만 유발할 소지가 있다면, 앞으로 새롭게 신설되거나 증액되는 보조금부터 차등화하는 방안도 검토해 볼 수 있을 것이다. 이러한 보조금의 차등 지급은 수도권에서 비수도권 이전을 촉진할 수 있다. 비수도권에서는 광역시에서 중/소도시로, 또 군 지역으로의 이전을 촉진할 수 있다.

구체적인 예를 들어보자. 만약 청년 지급 수당이 어디에 살든 대한민국 청년이면 일률적으로 월 50만 원 지급된다고 가정해 보자. 그리고 현재 300만 명이 청년수당 지원 대상이라고 하자. 이 가운데 수도권에 250만 명, 비수도권에 50만 명 거주하고 있다면,

이런 경우 매월 보조금 예산은 총 1조 5,000억 원 규모가 된다.

그런데 정부의 정책 목적이 청년의 지방 거주를 유도한다고 하자. 그래서 정부가 청년수당인 보조금 지급 기준을 지역별로 차등화하고, 청년도 이 정책에 동의했다고 하자. 좀 더 구체적으로 말해, 수도권에 거주하는 청년에게는 월 30만 원, 비수도권 중 광역시에 사는 청년에게는 월 70만 원, 중/소도시 청년에게는 월 80만 원, 군 지역의 경우는 월 90만 원을 준다고 가정하자. 이렇게 되면, 전체 소요 예산은 (40만 원 x 250만 명) + (평균 80만 원 x 50만 명) = 1조 4,000억 원이다. 총예산은 앞서 전국적으로 균등하게 50만 원씩 배분할 때보다 1,000억 원 줄어들 수 있다.

이런 보조금 지원의 차등화 정책으로 수도권 지역에서 비수도권 지역으로 50만 명이 이동하는 결과를 낳았다고 하자. 이 경우 예산은 (40만 원 x 200만 명)+(평균 80만 원 x 100만 명) = 1조 6,000억 원이 소요된다. 예산은 전국적으로 50만 원씩 배분할 때보다 1,000억 원 늘어나지만, 정책적 효과가 더 크다면 이는 상당한 성과를 거두는 정책일 것이다.

이러한 보조금 차등 지급이 청년을 비수도권으로, 비수도권에서는 군 지역 등으로 이주하도록 하는 인센티브가 될 수 있다. 보조금의 차등 지급을 통해 청년의 지방 이주를 촉진하는 정책 목적을 실현할 수 있다.

블록체인을 활용한 투명한 관리

일부 보조금은 소위 '눈먼 돈'으로 인식되는 경향이 없지 않다. 보조금 관리가 체계적이지 않아서다. 보조금 지원이 애초 목적대로 집행되는지를 일일이 점검하는 것이 현실적으로 쉽지 않아서다.

이러한 보조금 집행을 시스템적으로 관리하는 혁신적인 방안을 제시한다. 한마디로 블록체인 기반으로 보조금 관리 시스템을 만드는 것이다. 이 시스템에서는 보조금을 지급할 때, 어디서든 현금처럼 사용할 수 있는 NFT(Non Fungible Token)로 지급한다. 예를 들어 정부가 어떤 민간단체에 책상과 의자를 사는 데 필요한 보조금으로 각각 5억 원씩, 총 10억 원을 지원한다고 가정하자.

정부가 지원한 보조금은 보조금 관리시스템상 그 민간단체에 현금이 아닌 NFT로 10억 원이 지원된다. 그러면 민간단체에서는 책상과 의자를 10억 원에 해당하는 만큼 사고, NFT 10억 원을 책상과 의자 판매회사에 지급한다. 책상과 의자 판매회사는 지불받은 NFT 10억 원을 시스템에서 지정한 금융기관으로 보내면, 금융기관은 그 판매회사에 현금 10억 원을 지급한다.

이렇게 하면 누가 책상과 의자를 샀는지를 시스템으로 정확히 체크할 수 있고, 보조금의 누수가 생길 수 없다. 보조금 관리 시스템에 코드가 부여된 NFT의 이동 상황을 정확히 파악할 수 있다.

이러한 시스템을 건설업체의 하도급 자재 지급 등에도 사용하면 매우 효과적일 것이다. 최근 전국적으로 문제가 된 철근 자재 빼먹기 등도 바로 이런 시스템을 도입하면 정확히 체크할 수 있다. 철근을 구매한 내역과 자금의 집행 과정이 시스템상으로 실시간 확인되기 때문에 누구도 거짓말을 할 수 없다. 블록체인의 특성상 장부 조작 등은 불가능하며 불법을 자행할 수조차 없다. 투명한 신뢰성이 확보된다. 이러한 시스템을 보조금 관리나 하도급 자금 관리 등에도 도입하면 시스템상 관리가 가능하다.

민간기업 보조는 출자 방식으로

민간 보조금은 정부가 벤처창업기업, 중소기업 등 민간에게 공짜로 나눠주는 돈이다. 특히 벤처창업기업에게는 정부 보조금이 많이 지원된다. 그래서 민간기업에서는 정부 보조금을 받기 위해 치열하게 움직인다.

2024년 현재 정부가 민간에 지원하는 보조금 예산 총액은 19조 원이다. 중요한 것은 이 정부 보조금은 지원받은 민간이 정부에 상환할 의무가 없다는 점이다. 물론 정부 보조금을 받은 민간이 보조 사업의 목적에 맞게 사용하면 아무런 문제가 될 게 없다. 그러나 이러한 보조금 배분 방식은 민간이 보조금을 받는 데만 몰입하게 할 뿐, 그 성과에 대해서는 아무런 조치나 관리가 되지 않는 맹

점이 있다. 이에 따라 국가 보조금의 효율성을 저해하게 된다.

앞으로는 정부 보조금을 가능하다면 출자 방식으로 지원하자. 국민이 낸 세금이 제대로 지원되고, 지원 자금이 큰 성과를 낼 수 있고, 그 성과가 다시 국민에게 상환되도록 하는 시스템이다. 다만 이 경우 정부 출자금액과는 상관없이 출자 비율은 적정 한도(예: 40% 한도)로 제한할 수 있다. 그런데 출자되더라도 사업이 실패하면 상환하지 않아도 되니 실제로는 보조금과 차이가 없다.

지금의 보조금 지원 방식은 보조금 사업 집행이 종료되면, 사후 관리로 이어지지 않는다. 사업 평가도 체계적이지 않다. 보조금을 받은 민간도 보조금 집행이 종료된 이후에는 정부 지원에 대해 아무런 책임도 지지 않는다.

하지만 출자 방식으로 운용되면, 정부는 출자금의 상황을 지속적으로 관리할 수 있고 한층 더 효율적으로 출자할 수도 있다. 출자한 민간기업이 성공하면 그 출자금을 회수하여 또 다른 곳에 출자할 수 있고 확대할 수도 있다. 출자 방식으로 지원되면 민간기업의 책임성도 더 높일 수 있다.

01　인공지능(AI) 경제 혁신

　　AI와 결합한 각종 제품과 서비스는 우리가 사는 세상을 완전히 다른 세상으로 바꿀 것이다. 여기에 국가적인 역량을 총투입해야 한다. 전 국민 누구나 AI를 세계에서 1등으로 잘 활용하도록 교육을 강화하자. AI + X(현실 생활, 사물 등)를 강화하여, 세상에 없는 새로운 비즈니스 모델도 개발하자. 유아, 초-중-고, 대학 등에서 체계적인 AI 교육이 필요하다. AI 관련 UN 기구도 유치하자.

02　초혁신경제 혁명

　　경제 혁신의 기본방향은 세계를 선도할 초기술 개발에 있다. 바이오, 데이터, 우주 등 세계 1등 제품으로 나아가야 한다. 그러기 위해서는 킹핀의 구현에 선택과 집중을 하자. 무엇보다도 공공 R&D 혁신을 과감하게 펼치자. R&D 예산과 조달 혁신, 성과 평가 방식 등을 바꾸자. 기술창업과 세대 융합 창업을 유도하고 사업화를 지원하는 벤처창업의 혁신에 나서자. 대기업-중소기업 상생 전략 역시 중요하다.

03 글로벌 경제 혁신 : 신광개토 세계경영 전략

대한민국에게 기회는 해외에, 글로벌에 있다. 신광개토 세계경영 전략을 추진하자. 글로벌 혁신을 뒷받침하기 위하여 대외 경제협력 추진 조직을 확대해야 한다. 해외에 소재한 거점 추진조직도 정비하자. 글로벌 형제 국가 등 글로벌 친대한민국 국가를 만들어서 세계 경영을 하자. 이제 주식회사 대한민국에게는 신광개토 세계경영 전략이 답이다.

04 저출생 혁신

저출생 문제 해소에 국가의 명운을 걸어야 한다. 특단의 조치가 필요한 부분이다. 보육 국가책임제를 도입하자. 국가와 지자체가 협력해서 돌봄조합을 구성한다. "대한민국에서 난 아이, 대한민국이 키운다", "모든 출생은 아름답다"라는 사회적인 인식 전환이 필요하다. 다자녀 무주택 가구, 신규 주택 최우선 분양 같은 실질적인 혜택과 함께 '출생에 대한 영향평가 제도'도 생각해보자.

05 고령화 혁신

노인의 건강을 담보하지 않으면 국가적인 재앙이 된다. 건강한 삶을 살 수 있도록 맨발걷기 운동을 제안한다. 노인에게 필요한 생애 맞춤형 서비스를 제공하고, 노인 친화적인 주거 공급도 필요한 일이다. 일하는 노인이 늘면서 이제는 정년 연장 또는 폐지까지도 고려해야 할 시기가 왔다. 총체적인 맞춤형 정책을 제공하기 위하여 정부 조직으로 장관급인 노인부 신설을 제안한다.

06 지역균형 발전 혁신

제대로 된 지역균형 발전을 실현하려면, 사람이 많이 찾는 지역으로 만들어야 한다. 권역별 발전전략과 광역권 통합을 제안한다. 지방의회는 광역시나 도 소속의 의회만 둔다. 총액예산 교부제도 도입하고, 공정성은 우수하나 효율성이 문제인 지방 공모제도를 바꿔야 한다. 지방 유휴시설 활용과 브레인풀 제도 등 해야 할 일이 너무나 많다. 산업, 인프라, 인력, 문화, 교육 등의 지원이 복합적으로 이루어져야 할 때다.

07 복지 혁신

누구든지 기본소득과 기본주택을 누릴 수 있는, 선진적인 복지 정책이 시급하다. 혁신적인 한국형 기본소득 제도 도입을 제안한다. 한국형 기본소득 대상 가구를 관리하는 복지청과 일자리 및 직업훈련청 신설도 함께한다. 한국형 기본주택 역시 최근 변화하는 가구 및 인구 구조의 추이 등을 살펴서 다양한 형태의 공공주택을 제공할 수 있어야 한다. 기술교육과 창업에서 해외 진출까지 청년을 위한 실질적이며 효과적인 정책도 제안한다.

08 교육 혁신

대한민국의 미래는 생산성이 높은 인재 육성 그리고 글로벌 1등 인재 육성 여부에 달려 있다. 유아부터 고등교육까지 적성 교육을 강화해야 한다. 선행 교육, 군 복부 등을 감안하여 학제를 개편하자. 고등교육(대학) 혁신이 시급하다. 창의성과 상상력이 풍부한 인재 육성을 위해 법학전문대학원과 의대 쏠림 현상을 막자. 여러 대학을 서로 통폐합하는 등의 글로컬 대학직업훈련 혁신 또한 중요하다.

09 정치 혁신

정치의 양극화가 오늘날 대한민국에서 가장 큰 문제다. 낡고 국익에 배치되는 당리당략의 정치를 대혁신하자. 대통령제를 5+5 중임제로, 10년을 보장하자. 국회의원 선거방식은 중/대선거구제로 바꾸자. 49개 기초자치단체를 4개 특별자치시로 지방 행정구역을 나누고, 국회와 행정부의 조기 이전을 통해 신행정수도를 완성하자. 대한민국의 혁신전략을 반영한 헌법 개정도 논의할 때다.

10 정부 혁신

조직 개편보다 일하는 방식을 혁신하는 것이 최선이다. 대통령실의 소통을 위한 정언비서관을 신설하자. 적재적소의 인사, 전략적인 인사가 중요하다. 혁신 인재를 등용해야 한다. 공공기관이 성과를 내도록 혁신 조직을 설치해야 한다. 낡은 고위 공무원 제도를 보완 혁신할 필요가 있다. 각 부처에 '스마트 기술국'을 설치해 세계 최고의 스마트 혁신기술을 개발하는 시스템으로 가자.

11 재정 혁신

성과가 나는 재정 운용의 혁신이 매우 중요하다. 인구구조 변화, 글로벌 경제 등과 연계하여 재정 투자를 내용, 규모 등을 결정해야 한다. 규모가 큰 주요 사업비를 부처 간에 통합, 연계하여 편성, 집행, 평가를 통해 성과를 제고해야 한다. 세금이나 기부금도 자발적으로 내도록 하는 인센티브 제도를 도입하자. 보조금 관리의 효율화를 위하여 출자 방식으로 전환하는 방안을 모색하자.

에필로그

**글을
마치며**

현실을 꿰뚫어 보는 투시력을 가진 사람이 이 책자를 본다면 부족한 점이 하나둘이 아닐 것이다. 그러나 현재 대한민국이 처한 여러 상황을 고려했을 때, 나는 다급한 심정을 가눌 수 없었다.

"이대로의 대한민국으로는 더는 안 된다"라는 생각이 계속 귓전에 울렸다. 공직자로서의 경험과 인식, 평소 터득한 소신과 신념으로 이 책을 쓰기 시작하였다. 그래서 어떻게든 빨리 그 실상과 대응 전략을 세상에 알리고 싶었다.

이는 곧 공직생활 내내 새로운 대한민국의 미래를 위하여 늘 혁신해야 한다는 나의 일관된 세계관과 연결된 것이었다. 게다가 시간이 갈수록 내가 공직생활 중에 보고 듣고 느낀 것들이 사라진다고 생각하니 더더욱 두려웠다. 서둘러 기록으로 남겨야겠다는 사명감이 가슴 밑바닥에서부터 솟아나 컴퓨터 앞에 앉았다.

지나온 삶을 되짚어보니 나는 늘 정책적으로 판단할 때 무엇이 좋은지 나쁜지보다 무엇이 옳은지 그른지에 더 방점을 두었던 것 같다. 또 구체적인 정책 집행 과정에서는 새롭게 나타나는 문제들을 철저히 검토해서 현실에 맞게 적용하기 위해 노력하였다. 각종 정책의 조정 과정에서는 각각의 정책이 추구하는 기본과 본질이 훼손되지 않으면서, 접점을 찾는 데 심혈을 기울였다.

이처럼 내가 경험한 무수하게 많은 각종 정책의 수립, 집행 그리고 이견이 있는 정책의 조정 등의 경험이 이 책자를 쓰는 데 많은 기반이 되었다. 오랜 세월 공직을 수행하면서 내 삶에 깃들고 쌓인 경험과 그 과정에서의 숱한 가르침, 아쉬움과 희망을 일일이 다 담을 수는 없었다. 이 부분은 앞으로 더 많은 고민을 통해 계속 보완하고 발전시켜 나갈 예정이다.

사실, 이 책을 쓰기 위한 과정은 쉽지 않았다. 가슴 저 밑바닥에서 우러나오는 것을 거침없이 다 드러내려고 했으나, 컴퓨터 자판을 두드리는 내 손끝은 둔탁하였다. 말처럼 내 속의 경험들은 쉽게 정리되지 않았다.

그러나 내가 겪은 그때그때의 구체적 배경과 인식의 높낮이를 가급적 정확히 기술하고자 노력하였다. 그 하나하나를 제대로 표현하는 것은 정말로 어려웠다. 일일이 글로 쓰면서, 나는 '있는 그대로', '생각한 그대로'를 집필하는 것이 이렇게 어려운 줄 처음 알았다.

밤낮없이 생각하다가, 날밤을 지새운 적도 많았다. 또 자다가도 생각나면 벌떡 일어나 그 순간을 놓치지 않으려고 애썼다. 머리맡에는 늘 메모지를 두었다. 그러나 그 밤이 지나고 아침이 되어 메모한 것을 다시 보면서, 실소를 금치 못한 적도 있었다. 다시 보니 설익은 생각의 한 자락을 펼친 것 같아서 지우고 새로 쓰기를 반복하였다. 마음에 들지 않아서였지만, 생각에 생각을 거듭하면서 내가 제대로 짚지 못한 부분이 많이 보였던 것이다. 솔직히 너무 어렵고 힘들어 도중에 집필을 그만둘까도 생각하였다.

그러나 많은 분들로부터 담대한 용기를 가지라는 격려가 있었다. 결국 나는 부족한 것은 부족한 대로, 거칠고 성긴 것은 그것대로 인정하겠다는 용기를 갖고 이 책을 출판하기로 결심하였다. 앞으로도 부족한 것은 다시 채우고, 거칠고 성긴 것은 계속 다듬어 갈 것이다.

이 책은 내 삶을 되돌아보고, 나의 공직 생활을 정리한다는 의미도 있다. 그러나 내게는 대한민국을 사랑하는 공직자가 국가와 국민에 대하여 하고 싶은 말을 정리하여, 고(告)하는 의미가 더 크다. 그래서 나는 많이 부족하지만 서두를 수밖에 없었다.

내가 생각하고 실천하려는 대한민국의 대혁신을 통하여 대한민국을 다시 융성시켜 보려는 아주 작은 욕심이 바로 이 책의 핵심을 이루고 있다. 이 작은 책자에는 대한민국이 총체적인 국가 대혁신을 통하여 국운이 한 번 더 융성하는 계기가 될 수 있기를 바라는 나의 간절한 바람도 담겼다. 좀 더 깊이 생각하면 대한민국 대혁신의 방향은 여기서 제시한 것보다 훨씬 더 많을 것이다.

지금 내 눈앞에는 빛의 속도로 하루가 다르게 변화하는 인공지능(AI) 경제가 달려가고 있다. 세계 굴지의 국가들이 극심한 각축장을 벌이는 글로벌 경제시장이 훤하게 보인다. 그와 동시에, 여기에 대처하는 우리 대한민국의 상황과 현실도 보인다.

대한민국은 이러한 시대 변화에 총력적으로 대응하고 있는가, 잘하고 있는가. 아쉽게도 대한민국의 상황과 대응은 밝지만은 않아 보인다. 과연, 우리는 어떻게 해야 할 것인가. 내가 살아온 지난 삶의 가르침은 "국가가 어려움에 부닥치면, 이에 반드시 응답하라"라는 것이었다. 이 책은 바로 여기가 출발점이다.

나의 신념과 경험 가득한 책자가 출간되기까지 많은 분이 도와주셨다. 먼저, 가족에게 고마움을 전한다. 아내 민미영, 큰딸 소연, 작은딸 효원. 책을 쓰는 것이 쉽지 않아 갈등할 때, 그래도 옆에서 "아빠! 힘내라!"라고 많이 응원해주었다.

고려대학교 최영호 교수께서는 딱딱한 공무원 출신이 쓴 이 책자를 일반 국민이 이해하기 쉽도록 여러 번 교정해 주었다. 이 자리를 빌려 감사 인사를 전한다. 또한 〈대구신문〉의 최영기 기획실장께서는 '이 시기에 꼭 필요한 책'이라면서 책을 쓸까 말까 망설이는 내게 많은 격려를 해주었다.

이 책자는 지방자치단체, 교육기관, 문화단체 등의 다양한 기관에 몸담은 내 경험에서 나온 아이디어가 대부분이다. 이러한 경험을 하게 해준 분들께도 특별히 감사 인사를 전한다.

지방행정과 관련해서 많은 경험을 할 기회를 주신 이철우 경상북도 도지사님, 김영록 전라남도 도지사님, 김관영 전라북도 도지사님께 감사드린다. 교육과 관련해서는 류수노 한국방송통신대 전 총장님, 고성환 한국방송통신대 총장님, 한원희 국립목포해양대 총장님, 홍원화 경북대 총장님, 송하철 국립목포대 총장님, 노태원 한국고등과학원 원장님께 감사드린다. 동국대 석좌교수로 있는 김영목 박사께도 감사드린다.

문화, 복지, 체육 분야에서도 다양한 경험을 할 기회를 주신 이심 전 대한노인회장님, 신희영 전 대한적십자사 회장님, 이기흥 대한체육회 회장님, 이영준 사색의향기 이사장님, 이희자 한국근우회 회장님께도 감사드린다. 이외에도 이 자리에서 이름을 다 거명하지는 않았지만, 도움을 주신 분들은 너무나 많다. 모든 분께 감사드린다.

이 책으로 인해 '위대한 대한민국 건설', '국가발전', '국민 행복'으로 나아가는 소중한 첫발을 디뎠다고 나는 생각한다. 대한민국 대혁신을 위한 레볼루션 코리아(Revolution Korea)! 앞으로도 계속 정진하겠다!

2024년 10월
대모산 부근 서재에서
구윤철